자녀의 인생을 형통케 하는
자녀 축복 선포 기도문

자녀의 인생을 형통케 하는
자녀축복선포기도문

초판 1쇄 발행 2013년 06월 15일
초판 8쇄 인쇄 2023년 03월 15일

지 은 이 | 노진향
펴 낸 이 | 황성연
펴 낸 곳 | 도서출판 청우
등록번호 | 제 2001-000055호
주 문 처 | 하늘물류센타
주   소 | 경기도 파주시 광탄면 혜음로 883번길 39-32
연 락 처 | (031)-906-0011 | **팩스** (0505)-365-0011

ISBN 978-89-94846-15-6 03230

이책은 저작권법에 의해 보호를 받는 저작물이므로 무단전재 및 복제를 금합니다. 잘못 만들어진 책은 구입하신 서점에서 바꾸어 드립니다.

책 값은 뒤표지에 있습니다

자녀의 인생을 형통케 하는

자녀축복
선포기도문

| 노진향 지음 |

이 책의 효과적인 사용을 위한 안내

1. 자녀들을 위해 기도하고 싶을 때 언제나 사용하십시오.

2. 가능하면 하루 한 번 자녀들을 위하여 기도해 주실 수 있기 바랍니다.

3. 유아기의 자녀는 머리에 손을 얹고 기도하거나, 손발을 만져주며 기도할 수 있습니다.

4. 유치원 이상 자녀에게 스킨십(skinship)을 하며 기도할 때는 가능한 시간을 정하여 하는 것이 좋습니다.

5. 같은 기도문의 내용이라도 한 번의 기도로 끝나는 것이 아니라, 2~3일 반복하여 기도하는 것도 괜찮습니다.

6. 특별히 은혜 되는 기도문의 문구는 기도할 때 두세 번 반복해서 기도하면 더 큰 은혜가 됩니다.

7. 자녀를 위하여 기도할 때는 조용한 음성으로 자녀가 들을 수 있도록 기도하는 것이 좋습니다. 처음엔 어색할지라도 그 기도문의 내용이 아이의 뇌를 주관합니다(뉴욕대학 존 바그 교수의 실험결과).

8. 기도한 날짜를 체크하십시오. 이 기도문은 읽기 위한 것이 아니라, 기도하기 위한 것임을 항상 마음에 새겨두셔야 합니다.

9. 교회와 같은 특별한 기도처에서도 기도문을 사용하며 자녀를 위하여 기도하실 수 있습니다.

10. 이 기도문을 자녀에게 적용하면서 기도하다 보면 부모인 자신도 놀라운 변화를 경험할 수 있습니다.

| 들어가는 글 |

아침마다 선포되는 어머니의 기도

　쉰을 넘긴 나에게 아직도 지워지지 않는 어린 시절 어머니의 기도에 대한 독특한 추억이 있다. 아버지가 일찍 돌아가신 후 집안 살림이 기울게 되자 어머니는 이것저것 닥치는 대로 일을 하셨다. 힘든 하루 일과를 마치신 어머니는 집에서 할 일을 대충 끝내신 후 깊어가는 늦은 저녁에 꼭 교회를 찾으셨다. 아무리 피곤하고 힘들어도 교회에 안 가시면 무슨 큰일이라도 날 것처럼 생각하셨다. 저녁 늦게 올라가신 어머니는 새벽기도를 마친 다음에야 집으로 돌아오셨다. 그리고 자식들이 잠자고 있는 이불 속으로 손을 몰래 들이밀어 발을 붙들고 숨죽인 채 뜨겁게 기도하셨다. 처음에는 달콤한 새벽잠을 방해하는 어머니가 짜증나고 미웠지만, 시간이 지나면서 발끝으로 스며드는 손끝기도 속에서 자식을 향한 어머니의 애절한 사랑을 느낄 수 있었고, 힘든 형편에 기도라도 하지 않으면 자식이 어떻게 될 것 같은 불안감에, 때 묻은 자식의 발끝을 새벽마다 놓지 않으셨던 어머니의 애달픈 감정을 느낄 수 있었다.

그런데 기도에 대하여 전혀 아는 것이 없었던 어린 나이였지만, 어머니의 기도가 뭔가 좀 독특하다는 생각이 들었다. 기도하실 때마다 "무엇 할지어다.", "무엇이 될지어다."로 마무리하셨기 때문이다.

나중에야 알게 된 것이지만 그것은 선포(명령)기도였다.

아무튼 나는 십대와 이십대를 매일 새벽 그 기도를 들어야만 했다. 그리고 목사가 되어 지금 사역의 중반기를 지나고 있다. 어머니의 선포기도는 비뚜로 나가기에 충분했던 나의 어린 시절과 청년 시절을 강하게 붙잡아 준 것이 사실이다. 아흔의 연세이신 어머니에겐 나는 아직도 그때의 자식이다. 간혹 내 발을 붙들고 주물러 주시며 기도해 주신다. 나는 여전히 그 속에서 자식을 향한 어머니의 가슴 절절한 지고의 사랑을 느낀다.

성경이 보여주는 선포기도

 성경을 보면 선포기도에 관한 흥미진진한 기적 사건들을 많이 만나볼 수 있다. 한 예로 여호수아가 가나안을 점령하기 위하여 아모리 사람들과 전투를 벌일 때 승리를 거의 앞두고 해가 점점 서쪽으로 기울던 시점의 사건이다. 이때 여호수아는 "태양아 너는 기브온 위에 머무르라 달아 너도 아얄론 골짜기에서 그리할지어다"(수 10:12~13)라고 선포하며 명령했다. 그런데 그가 선포하며 명령한 대로 태양이 멈추게 되었고, 전투에 패하여 도망치는 사람들을 모두 진멸할 수 있었다.

 또 한 예로 사도행전 3장에 보면 베드로가 나면서부터 한 번도 걸어본 적이 없었던 앉은뱅이를 일으키는 장면이 나온다. 기도 시간에 맞추어 베드로와 요한이 기도하러 성전에 올라가는데 미문이라는 성전 문에서 구걸하는 그를 주목하여 본 것이다. 이때 베드로는 "은과 금은 내게 없거니와 내게 있는 이것을 네게 주노니 나사렛 예수 그리스도의 이름으로 일어나 걸으라"(6)고 명령하며 그의 오른손을 잡아 일으켰다.

    그랬더니 나면서부터 한 번도 걸어본 적이 없었던 앉은뱅이가 발과 발목에 힘이 생겨 뛰어 서서 걸으면서 성전으로 들어가고 하나님을 찬송하는 기적이 일어난 것이다.

나사렛 예수 그리스도의 이름으로

그렇다면 오늘 우리도 여호수아와 베드로 같이 선포하며 기도하면 하나님의 능력을 끌어당길 수 있을까? 성경이 우리에 대하여 증거하고 있는 것을 확신하고 있으면 우리도 하나님의 능력을 경험할 수 있다. 성경은 우리에 대하여 하나님의 자녀가 되는 권세를 가진 자로 증거하고 있다(요 1:12). 하늘 문을 닫기도 하고 열기도 하는 권세가 우리에게 있다고 증거하고 있다(마 18:18~19). 예수 그리스도 안에서 하늘과 땅의 모든 권세가 우리를 통하여 나타나게 될 것임을 말씀하고 있다(마 28:18). 그러므로 예수 그리스도의 이름으로 명령하고 선포하면 질병도 물러가고, 사단도 물러가고, 귀신도 쫓겨 가는(막 6:7)역사를 경험할 수 있다. 이것은 예수님이 확실히 보증하신 것이다.

예수 그리스도의 이름으로 하나님의 자녀의 권세

를 사용해보라. 명령하며 선포해보라. 당신의 기도에도 하나님의 능력이 분명히 깃들 수 있다. 기적을 불러일으키는 믿음의 사람이 될 수 있다.

특히 하늘 보좌를 향한 당신의 선포기도가 자녀의 몸속으로 흘러들어가게 해보라. 예수 그리스도의 이름으로 명령하며 선포해보라. 분명히 자녀의 인생에 하나님의 능력의 물줄기가 강같이 흐르는 것을 경험하게 될 것이다. 나사렛 예수 그리스도의 이름으로 기도한 것은 더딜지라도 반드시 이루어진다.

• CONTENTS

이 책의 효과적인사용을 위한 안내… 4
들어가는 글… 6

제1부
자녀의 행복한 미래를 세워주는 **자녀축복 선포기도문**… 14

세계를 품는 꿈과 비전의 사람이 되어라 • 목표를 향하여 달려가는 사람이 되어라 • 긍정의 사람이 되어라 • 도전하는 사람이 되어라 • 희망을 심는 사람이 되어라 • 당당한 사람이 되어라 • 강한 자가 되어라 • 정직하고 깨끗한 부자가 되어라 • 하나님을 만나는 삶이 되어라 • 결단력 있는 삶이 되어라 • 만족하는 사람이 되어라 • 성경의 인물처럼 되어라 • 팔복을 누리는 사람이 되어라 • 좋은 선생님을 만나라 • 학교생활에 잘 적응하여라 • 좋은 학습 습관과 태도가 있어라 • 지혜로운 사람이 되어라 • 책 읽는 사람이 되어라 • 집중력을 가진 사람이 되어라 • 기본이 잘 잡혀있는 사람이 되어라 • 자신을 잘 다스리는 사람이 되어라 • 물질을 잘 다스리는 사람이 되어라 • 장점과 특기를 잘 살리는 사람이 되어라 • 실력을 키워가는 사람이 되어라 • 겸손이 있는 실력을 갖추어라 • 세월을 아끼는 사람이 되어라 • 축복을 시인하는 사람이 되어라 • 환경을 잘 다스리는 지혜로운 사람이 되어라 • 방황하지 않는 삶을 사는 사람이 되어라 • 실패를 두려워하지 않는 사람이 되어라 • 방만한 사람이 되지 말아라 • 꼭 필요한 사람이 되어라

제2부
인격적 리더십을 세워주는 **자녀축복 선포기도문**… 80

축복을 심는 사람이 되어라 • 덕 있는 사람이 되어라 • 친절한 사람이 되

어라 • 정직한 사람이 되어라 • 섬기는 사람이 되어라 • 온유한 사람이 되어라 • 칭찬받는 사람이 되어라 • 겸손한 사람이 되어라 • 감사의 사람이 되어라 • 공동체에 꼭 필요한 사람이 되어라 • 복되고 아름다운 사귐이 있어라 • 복되고 아름다운 관계가 있어라 • 감정을 다스리는 사람이 되어라 • 내려놓을 수 있는 사람이 되어라 • 넓은 마음을 가진 사람이 되어라 • 이런 사람이 되어라(1) • 이런 사람이 되어라(2) • 치우치지 않는 사람이 되어라 • 자신을 볼 수 있는 사람이 되어라 • 티 내지 않는 사람이 되어라 • 사람답게 잘사는 사람이 되어라 • 훈계를 잘 받는 사람이 되어라 • 책임감이 강한 사람이 되어라 • 품을 수 있는 사람이 되어라 • 따뜻한 손을 내미는 사람이 되어라 • 배려심이 있는 사람이 되어라 • 분별의 지혜를 가진 사람이 되어라 • 남을 생각하는 사람이 되어라 • 꾐에 빠지지 않는 사람이 되어라

제3부
성숙한 신앙을 세워주는 자녀축복 선포기도문 … 140

믿음의 사람으로 성장하여라 • 견고한 신앙을 가진 사람이 되어라 • 은혜를 고백하는 삶이 되어라 • 믿음의 진검승부를 벌이는 사람이 되어라 • 담대한 사람이 되어라 • 시험과 환난을 인내하여라 • 용서의 사람이 되어라 • 성결의 삶이 되어라 • 거룩함을 좇는 사람이 되어라 • 진실한 고백이 있는 사람이 되어라 • 핑계치 않는 사람이 되어라 • 기쁨으로 할 수 있는 사람이 되어라 • 성장하는 믿음이 되어라 • 주의 일에 열심을 다하는 사람이 되어라 • 순종의 사람이 되어라 • 헌신의 사람이 되어라 • 기도의 사람이 되어라 • 성령 충만한 사람이 되어라 • 주님을 잘 섬기는 사람이 되어라 • 주님께 기쁨이 되어라 • 주님이 기준이 되어라 • 기회를 잃지 않는 삶이 되어라 • 주님을 닮은 사람이 되어라 • 이런 눈물을 흘리는 사람이 되어라 • 교회의 일꾼이 되어라

제 1 부
자녀의 행복한 미래를 세워주는
자녀축복 선포기도문

그러므로 내 사랑하는 형제들아
견실하며 흔들리지 말고 항상 주의 일에
더욱 힘쓰는 자들이 되라
이는 너희 수고가 주 안에서 헛되지 않은 줄을 앎이라
(고전 15:58)

세계를 품는
꿈과 비전의 사람이 되어라

Power of Bible •
믿음은 바라는 것들의 실상이요 보이지 않는 것들의 증거니
(히 11:1)

나사렛 예수 그리스도의 이름으로 사랑하는 ○○(이)에게 선포하며 기도합니다.

○○(이)는 세계를 품는 꿈과 비전이 있는 사람이 될지어다.

하나님과 인류 공동체의 미래를 위하여 보배롭고 존귀하게 쓰임 받는 인물이 될지어다. 이를 위하여 주어진 기회를 잘 선용하며 배우고 확신한 일에 거하기를 힘쓰는 사람이 될지어다. 대가를 지불할 일이 있다면 환경이나 조건을 의식하지 않고 기꺼이 지불할 줄 아는 용기의 사람이 될지어다.

무엇보다도 하나님을 의뢰하는 기도의 사람이 될지어다. 그리하여 무엇을 하든지 하나님의

도우심을 힘입어 믿음으로 이루어낼 수 있는 사람이 될지어다.

성경의 요셉같이 하나님이 주신 꿈을 붙들기 위하여 마음을 쏟으며, 여호수아와 갈렙과 다윗같이 절대적인 믿음으로 승부할 수 있는 신앙의 사람이 될지어다.

언제나 성경을 통하여 하나님의 음성 듣기를 힘쓰고, 그 속에서 길을 찾고 발견하며, 그 안에서 꿈과 비전의 틀을 든든히 세워가는 사람이 될지어다.

하나님의 절대적인 도우심으로 비전과 꿈을 이루는 사람이 될지어다. 반드시 세계가 필요한 훌륭한 재목으로 쓰임 받는 사람이 될지어다.

그 이름이 만방에 기억되며, 하나님의 영광을 높이 드러내는 사람이 될지어다.

예수님의 이름으로 기도합니다. 아멘

목표를 향하여
달려가는 사람이 되어라

Power of Bible •

두려워하지 말라 내가 너와 함께 함이라 놀라지 말라 나는 네 하나님이 됨이라 내가 너를 굳세게 하리라 참으로 너를 도와 주리라 참으로 나의 의로운 오른손으로 너를 붙들리라 (사 41:10)

나사렛 예수 그리스도의 이름으로 사랑하는 ○○(이)에게 선포하며 기도합니다.

○○(이)는 목표를 향하여 힘차게 달려가는 사람이 될지어다.

목표를 향하여 달려가다가 힘들다고 중단하거나 포기하지 말지어다. 혹 장애물 때문에 넘어지거나 쓰러진다 할지라도 다시 일어나서 힘 있게 달려가는 끈기의 사람이 될지어다.

바라는 대로 되지 않는다고 하여 낙심하거나 실족하지 말지어다. 뚜렷한 성과가 나타나지 않는다고 하여 불평하거나 원망하지 말지어다.

선을 행하되 낙심하지 말지니 때가 되면 거두게 된다는 약속의 말씀을 굳게 붙들지어다.

눈물 뿌리며 씨를 뿌리는 자에게는 반드시 기쁨으로 단을 거두게 된다는 약속의 말씀을 굳게 의지할지어다.

하나님은 당신의 자녀들이 가는 길을 아시고 반드시 지켜주시는 하나님이시다.

능력의 오른손으로 붙들어 주시는 하나님이시다. 어디를 가나 찾아오시고 함께하시고 동행하시는 하나님이시다. 언제나 그 하나님을 겸손히 바라보며 마음을 굳게 할지어다.

수단이나 요행을 경계하고, 교만이 마음을 주장하지 못하도록 항상 하나님께 감사하는 태도를 잊지 말지어다. 하나님 중심적인 자세를 잃지 않고 목표를 향하여 달려감으로 그 목표에 기름 부어주시는 하나님의 축복을 경험하는 삶이 될지어다.

예수님의 이름으로 기도합니다. 아멘

긍정의 사람이 되어라

Power of Bible •
예수께서 이르시되 할 수 있거든이 무슨 말이냐 믿는 자에게는 능히 하지 못할 일이 없느니라 하시라 (막 9:23)

나사렛 예수 그리스도의 이름으로 사랑하는 ○○(이)에게 선포하며 기도합니다.

○○(이)는 하나님의 사랑을 받는 긍정의 사람이 될지어다.

무엇을 하든지 긍정의 생각을 담아내기에 힘쓰고, 긍정의 방향으로 나아가기를 힘쓰는 사람이 될지어다. 부정적인 생각은 사단이 좋아하는 것이니, 부정적인 생각에 얽매이지 않기 위하여 날마다 성령 충만을 사모하는 사람이 될지어다.

어떤 일을 하든지 믿음의 용기와 적극적인 모습을 보여줄 수 있는 긍정의 사람이 되고, 그 일을 창조적으로 감당할 수 있는 능력의 사람이 될지어다.

어떤 결과가 주어지든지 그것을 감사의 도구로 삼을 줄 아는 긍정의 사람이 되고, 하나님을 기쁘시게 하며 그분께 영광 돌리는 것을 최우선으로 할 수 있는 믿음의 사람이 될지어다.

괴롭고 속상한 일이 있을 때에는 합력하여 선을 이루시는 주님의 손길을 더욱 굳게 의지하는 사람이 되고, 믿음의 주요 온전하게 하시는 주님을 끝까지 바라보는 소망의 사람이 될지어다.

언제나 "내게 능력주시는 자 안에서 내가 모든 것을 할 수 있다"는 담대함과 자신감으로 하나님의 마음을 시원케 해드리는 긍정의 사람이 될지어다.

예수님의 이름으로 기도합니다. 아멘

도전하는 사람이 되어라

Power of Bible •

푯대를 향하여 그리스도 예수 안에서 하나님이 위에서 부르신 부름의 상을 위하여 달려가노라 (빌 3:14)

나사렛 예수 그리스도의 이름으로 사랑하는 ○○ (이)에게 선포하며 기도합니다.

○○ (이)는 도전하는 사람이 될지어다.

실패하는 것이 겁이 나서 도전하는 것을 망설이지 말지어다. 잃을 것을 두려워하여 도전하는 것을 포기하지 말지어다. 너에게 가장 든든한 후원자이신 주님이 계심을 믿고 당당히 도전하는 하나님의 사람이 될지어다.

사단이 너의 약점을 이용하여 넘어뜨리려고 미혹할 것이다. 너 같은 사람이 무엇을 할 수 있겠느냐고 너의 자존감을 무너뜨리려고 할 것이다. 그러나 그것에 주눅들 필요가 전혀 없다. 우리 주 예수님이 십자가로 사단의 권세를 짓밟아

버리시고 승리를 보여주셨다. 사단은 우리의 밥이다. 그러므로 예수님을 앞세워 승리의 깃발을 높이 쳐들고 전진할 수 있는 하나님의 사람이 될지어다.

하나님은 뜻을 정하여 도전하는 사람과 반드시 함께하신다. 너는 하나님의 자녀의 권세를 가진 사람임을 잊지 말지어다. 넘어지는 경우가 있다 할지라도 하나님이 반드시 일으켜 주시고 너의 강함이 되어주실 것이다. 그러므로 끝까지 도전정신을 잃지 말고 푯대를 향하여 전진함으로 승리의 깃발, 성공의 깃발을 꽂는 하나님의 사람이 될지어다.

예수님의 이름으로 기도합니다. 아멘

희망을 심는 사람이 되어라

Power of Bible •······························

스스로 속이지 말라 하나님은 업신여김을 받지 아니하시나니 사람이 무엇으로 심든지 그대로 거두리라 (갈 6:7)

나사렛 예수 그리스도의 이름으로 사랑하는 ○○(이)에게 선포하며 기도합니다.

○○(이)는 하나님의 자녀로 희망을 심는 사람이 될지어다.

근심하는 자에게 미래에 대한 확신을 심어주고, 낙심하는 자에게 다시 일어서게 하는 용기를 심어줄 수 있는 사람이 될지어다.

슬픔을 당한 자에게 따뜻한 위로를 심어주고, 괴로워하는 자에게 내일에 대한 소망을 심어줄 수 있는 사람이 될지어다.

약한 자에게 주님의 능력으로 강함을 심어주고, 병든 자에게는 치유의 말씀으로 희망을 심어줄 수 있는 사람이 될지어다.

가난한 자에게 주님이 채우시는 부요함을 심어주고, 궁핍한 자에게는 주님이 채우시는 풍성함을 심어줄 수 있는 사람이 될지어다.

영적으로 연약한 자에게 영적인 눈이 열릴 수 있는 믿음을 심어주고, 주님을 향한 뜨거운 열정이 있는 자에게는 헌신의 기쁨과 즐거움을 심어줄 수 있는 사람이 될지어다.

언제나 이런 하나님의 자녀로 희망의 사람으로 쓰임 받는 사람이 될지어다.

예수님의 이름으로 기도합니다. 아멘

당당한 사람이 되어라

Power of Bible •

그러므로 내 사랑하는 형제들아 견실하며 흔들리지 말고 항상 주의 일에 더욱 힘쓰는 자들이 되라 이는 너희 수고가 주 안에서 헛되지 않은 줄을 앎이라 (고전 15:58)

나사렛 예수 그리스도의 이름으로 사랑하는 ○○(이)에게 선포하며 기도합니다.

○○(이)는 당당한 하나님의 사람이 될지어다.

그 어떤 실패에도 낙심하지 않고 당당히 일어설 수 있는, 그 어떤 시련에도 포기하지 않고 당당히 뚫고 나갈 수 있는 하나님의 사람이 될지어다.

그 어떤 위기에도 당황하지 않고 당당히 맞설 수 있는, 그 어떤 불행에도 불평하지 않고 당당히 수용할 수 있는 하나님의 사람이 될지어다.

그 어떤 아픔에도 슬퍼하지 않고 당당히 떨쳐버릴 수 있는, 그 어떤 고난에도 실족하지 않고 당당히 헤쳐나갈 수 있는 하나님의 사람이 될지어다.

그 어떤 위험에도 피하지 않고 당당히 겨룰 수 있는, 그 어떤 불의에도 굴하지 않고 당당히 외칠 수 있는 하나님의 사람이 될지어다.

그 어떤 충격에도 흔들리지 않고 당당히 용기를 낼 수 있는, 그 어떤 안 좋은 결과에도 단념하지 않고 당당히 재도전할 수 있는 하나님의 사람이 될지어다.

예수님의 이름으로 기도합니다. 아멘

강한 자가 되어라

Power of Bible •
강하고 담대하라 너는 내가 그들의 조상에게 맹세하여 그들에게 주리라 한 땅을 이 백성에게 차지하게 하리라 (수 1:6)

나사렛 예수 그리스도의 이름으로 사랑하는 ○○(이)에게 선포하며 기도합니다.

○○(이)는 강한 사람이 될지어다.

게으르고 나태함으로 실력 없는 나약한 자가 되어 세상 탓만 하는 비겁한 사람이 되지 말고, 부지런하고 열심을 내어 실력을 갖추므로 세상을 주도하며 당당하게 살아가는 강한 사람이 될지어다.

인간을 강하게 변화시켜 환경을 지배하고 다스리게 하시려는 것이 당신의 백성을 향한 하나님의 뜻이니, 이것을 깨달아 겸손의 자세로 높은 실력을 쌓는 것에 마음을 쏟는 사람이 될지어다.

강한 사람이 되는 것이 그리 쉬운 일은 아니지만 하나님을 의지하고 바라는 인생은 여호수아와 갈렙 같이 강한 사람이 될 수 있다는 믿음과 확신을 가질지어다.

　어려움이 와도, 환난과 역경을 만나도, 미꾸라지처럼 숨는 인생이 아니라, 정정당당하게 세상과 마주하여 정면으로 돌파하는 믿음의 사람이 될지어다.

　그리하여 하나님의 이름으로 어떤 환경에서도 능히 일어설 수 있음을 보여줄 수 있는 강한 사람이 될지어다.

　강함을, 하나님의 영광을 위하여 삶의 중요한 도구로 사용할 줄 아는 사람이 될지어다.

　예수님의 이름으로 기도합니다. 아멘

정직하고
깨끗한 부자가 되어라

Power of Bible •

의인은 종려나무 같이 번성하며 레바논의 백향목 같이 성장하리로다. 이는 여호와의 집에 심겼음이여 우리 하나님의 뜰 안에서 번성하리로다 (시 92:12,13)

나사렛 예수 그리스도의 이름으로 사랑하는 ○○(이)에게 선포하며 기도합니다.

○○(이)는 정직하고 깨끗한 부자가 될지어다.

땀 흘리지 않고 얻는 소득을 즐거워하거나, 불의한 방법을 통하여 얻는 재물을 기뻐하지 말지어다.

눈앞의 이익에 연연하여 타인에게 아픔을 주는 일을 하지 말며, 큰 손해를 본다 할지라도 타인에게 억울함을 갖게 하는 일은 하지 말지어다.

부정과 비리가 범람하는 세상일지라도 법과 원칙을 잘 지키기에 힘쓰고, 뇌물의 유혹에 넘어지거나 세금을 탈루하는 일은 하지 말지어다.

사람의 가장 큰 자본은 돈이 아니라 신용일진대, 사랑하는 ○○(이)는 신용을 생명처럼 여기며 사는 사람이 될지어다.

우리 하나님께서는 이익만을 탐하는 불의한 부자보다 정직함을 앞세우며, 깨끗한 부자가 되기를 소망하는 자를 분명히 축복하여 주실 것이다.

정직하고 깨끗한 부자가 되려고 하는 자에게 안개와 같은 성공이 아니라, 담장 너머로 뻗은 나무처럼, 번성케 하시는 축복을 분명히 더하여 주실 것이다.

사랑하는 ○○(이)는 하나님이 인정하시는 정직하고 깨끗한 부자가 될지어다.

예수님의 이름으로 기도합니다. 아멘

하나님을 만나는 삶이 되어라

Power of Bible •
여호와는 나의 목자시니 내게 부족함이 없으리로다
(시 23:1)

나사렛 예수 그리스도의 이름으로 사랑하는 ○○(이)에게 선포하며 기도합니다.

○○(이)는 언제나 하나님을 만나는 삶이 될지어다.

아브라함이 '여호와 이레' 준비하시는 하나님을 만나는 삶을 산 것같이, ○○(이)도 언제나 삶의 필요를 채워주시며 언제나 지켜주시고 동행하시는 여호와 이레의 하나님을 만나는 삶이 될지어다.

기드온이 '여호와 샬롬' 평강을 주시는 하나님을 만나는 삶을 산 것같이, ○○(이)도 세상이 줄 수도, 빼앗아 갈 수도 없는 평강으로 채우시는 여호와 샬롬의 하나님을 만나는 삶이 될지어다.

　모세가 '여호와 닛시' 승리의 깃발이 되시는 하나님을 만나는 삶을 산 것같이, ○○(이)도 영원한 깃발이 되시는 주님, 승리하게 하시는 주님, 여호와 닛시의 하나님을 만나는 삶이 될지어다.

　다윗이 '여호와 라아' 선한 목자 되신 하나님을 만나는 삶을 산 것같이, ○○(이)도 안전하게 인도하시며, 부족함 없이 채워주시는 여호와 라아 하나님을 만나는 삶이 될지어다.

　이스라엘 백성이 '여호와 라파' 치료하시는 하나님을 만나는 삶을 산 것같이, ○○(이)도 영혼과 육신을 강건하게 회복시키시며 생명력을 더해 주시는 여호와 라파 하나님을 만나는 삶이 될지어다.

　예수님의 이름으로 기도합니다. 아멘

결단력 있는 삶이 되어라

Power of Bible •

오직 강하고 극히 담대하여 나의 종 모세가 네게 명령한 그 율법을 다 지켜 행하고 우로나 좌로나 치우치지 말라 그리하면 어디로 가든지 형통하리니 (수 1:7)

나사렛 예수 그리스도의 이름으로 사랑하는 ○○(이)에게 선포하며 기도합니다.

○○(이)는 언제나 주님의 자녀답게 아름다운 결단력 있는 삶을 살아갈지어다.

지극히 작은 유혹 앞에서도 주저하거나 머뭇거리는 모습을 보이지 않으며, 단호히 결단할 수 있는 지혜로운 삶을 살아갈지어다.

악한 말에는 절대로 동조하지 않으며 불의한 일과는 절대로 타협하지 않는 정직한 삶을 살아갈지어다.

아닌 것은 '아니오' 할 줄 알며, 옳은 것은 '옳다'고 할 수 있는 진정한 용기를 보여주는 삶을 살아갈지어다.

불합리한 기회가 주어졌을 때는 양심의 등불을 밝히고, 좋은 기회가 주어졌을 때는 겸손히 기도하며 하나님의 뜻을 물을 수 있는 삶을 살아갈지어다.

피하여야 할 자리에는 과감히 피할 수 있는 결단을 보이며, 힘에 겨워도 꼭 해야만 할 일이라면 망설임 없이 감당하는 자세를 보여주는 삶을 살아갈지어다.

의롭고 선한 일에는 절대로 뒷걸음질 치지 않으며, 주님의 뜻을 나타내는 일에는 늘 선봉에 설 수 있는 믿음의 삶을 살아갈지어다.

예수님의 이름으로 기도합니다. 아멘

만족하는 사람이 되어라

Power of Bible •
의에 주리고 목마른 자는 복이 있나니 그들이 배부를 것임이요 (마 5:6)

나사렛 예수 그리스도의 이름으로 사랑하는 ○○(이)에게 선포하며 기도합니다.

○○(이)는 언제나 만족하며 사는 사람이 될지어다.

주어진 조건이 부족하고 환경이 열악하다고 하여 자신의 삶을 비관하거나 저주하는 것이 아니라, 헤쳐 나갈 수 있는 지혜와 용기가 있음을 인하여 만족할 수 있는 사람이 될지어다.

인생의 채울 수 없는 잔 때문에 낙망하거나 불평하는 것이 아니라, 채워갈 수 있는 잔이 있음을 인하여 만족할 수 있는 사람이 될지어다.

더 많은 것을 얻고 취하려고 하는 데만 자신의 인생을 허비하는 것이 아니라, 지금 있는 것에 만족할 줄 알며 평안을 누리는 사람이 될지어다.

혹, 여유 있는 삶이라 하여 자만에 사로잡히지 말고, 혹 풍족함을 누리고 있다고 하여 모든 것을 가진 것처럼 허세를 부리는 사람이 되지 말지어다.

특히 자신만을 위하는 인생이기보다 남을 돌아볼 줄 아는 사람이 될지어다.

더 많이 갖는 것보다 더 많이 주는 것이 진정한 복임을 깨달아, 관용하는 삶으로 인생의 부요함을 느낄 수 있는 사람이 될지어다.

또한 인정하는 이 없어도, 바라보는 이 많지 않아도, 하나님의 자녀로 살아갈 수 있음을 기쁘게 여길 수 있는 믿음의 사람이 될지어다.

예수님의 이름으로 기도합니다. 아멘

성경의 인물처럼 되어라

Power of Bible •
자녀들아 너희는 하나님께 속하였고 또 그들을 이기었나니 이는 너희 안에 계신 이가 세상에 있는 자보다 크심이라
(요일 4:4)

나사렛 예수 그리스도의 이름으로 사랑하는 ○○(이)에게 선포하며 기도합니다.

○○(이)는 언제나 성경의 인물처럼 성장할지어다.

아브라함처럼, 갈 바를 알지 못했지만 약속의 말씀을 따라 움직였던 믿음의 사람으로 성장할지어다.

이삭처럼, 번제물이 된다 할지라도 기꺼이 아버지의 말씀을 따랐던 순종의 사람으로 성장할지어다.

야곱처럼, 도망자가 된다 할지라도 하나님의 축복을 최고의 가치로 여길 줄 아는 은혜의 사람으로 성장할지어다.

요셉처럼, 노예 신세가 된다 할지라도 하나님이 주신 꿈을 소중히 여기며, 그 꿈을 이루기까지 인내할 줄 아는 사람으로 성장할지어다.
　사무엘처럼, 세상과 닫힌 공간에 산다 할지라도 언제나 하나님의 음성 듣기를 사모하며 그 음성에 응답하기를 기뻐했던 영성의 사람으로 성장할지어다.
　다윗처럼, 높은 권세를 가졌다 할지라도 언제나 성전을 사랑하고 소년처럼 그 안에 거하기를 원했던 순수한 사람으로 성장할지어다.
　다니엘처럼, 사자 굴에 들어간다 할지라도 하나님의 섭리를 끝까지 신뢰하며 믿음을 굽히지 아니한 용기의 사람으로 성장할지어다.
　예수님의 이름으로 기도합니다. 아멘

팔복을 누리는 사람이 되어라

Power of Bible •
기뻐하고 즐거워하라 하늘에서 너희의 상이 크니라 너희 전에 있던 선지자들도 이같이 핍박하였느니라 (마 5:12)

나사렛 예수 그리스도의 이름으로 사랑하는 ○○(이)에게 선포하며 기도합니다.

○○(이)는 언제나 주님이 말씀하신 팔복을 누리는 사람이 될지어다.

심령이 가난한 삶을 살아감으로 영원한 기업인 천국을 소유할 수 있는 사람이 될지어다.

애통하는 삶을 살아감으로 주님의 크신 위로를 받을 수 있는 사람이 될지어다.

온유한 삶을 살아감으로 주님이 주신 땅을 기업으로 받을 수 있는 사람이 될지어다.

의에 주리고 목마른 삶을 살아감으로 주님이 베푸신 하늘의 만나로 배부를 수 있는 사람이 될지어다.

긍휼히 여기는 삶을 살아감으로 주님의 긍휼과 자비를 받을 수 있는 사람이 될지어다.

마음이 청결한 삶을 살아감으로 늘 거룩하신 하나님을 만날 수 있는 삶이 될지어다.

화평케 하는 삶을 살아감으로 늘 하나님의 아들이라 불릴 수 있는 사람이 될지어다.

의를 위하여 핍박을 받는 삶을 살아감으로 생명의 면류관을 받을 수 있는 사람이 될지어다.

핍박 가운데서도 언제나 기뻐하고 언제나 즐거워함으로, 하늘의 상급을 받을 수 있는 사람이 될지어다.

예수님의 이름으로 기도합니다. 아멘

좋은 선생님을 만나라

Power of Bible •

때가 이르리니 사람이 바른 교훈을 받지 아니하며 귀가 가려워서 자기의 사욕을 따를 스승을 많이 두고 또 그 귀를 진리에서 돌이켜 허탄한 이야기를 따르리라 (딤후 4:3,4)

나사렛 예수 그리스도의 이름으로 사랑하는 ○○(이)에게 선포하며 기도합니다.

○○(이)는 언제나 좋은 선생님 만나는 복을 누릴지어다.

단지 지식만 우선시하는 선생님이 아니라, 꿈을 심어주고 미래를 열어줄 수 있는 선생님을 만날지어다.

단지 성적을 우선시하는 선생님이 아니라, 바른 인격을 세워줄 수 있는 선생님을 만날지어다.

단지 학습태도만 우선시하는 선생님이 아니라, 아이의 표정까지도 읽을 줄 아는 선생님을 만날지어다.

○○(이)의 잘못을 매로 다스리는 선생님이 아니라, 따뜻한 사랑으로 아이를 품어줄 수 있는 선생님을 만날지어다.

○○(이)에게 부족한 것이 많아도 나무라지 아니하며, 너른 가슴으로 품어주고 용기를 줄 수 있는 선생님을 만날지어다.

학습능력이 뒤떨어져도 무시하는 선생님이 아니라, 아이의 장점을 발견하여 키워줄 수 있는 선생님을 만날지어다.

생활이 어렵다고 차별하는 선생님이 아니라, 어려운 생활을 잘 살피고 헤아릴 줄 아는 선생님을 만날지어다.

작은 일에도 풍성한 칭찬을, 작은 슬픔에도 넘치는 위로를 아끼지 않는 선생님을 만나게 될지어다. 언제나 선생님을 자랑하고 싶고, 언제나 존경하며 닮고 싶은 선생님을 만날지어다.

예수님의 이름으로 기도합니다. 아멘

학교생활에 잘 적응하여라

Power of Bible •
그는 우리 하나님이시요 우리는 그가 기르시는 백성이며 그 손이 돌보시는 양이기 때문이라 너희가 오늘 그의 음성을 듣 거든 (시 95:7)

나사렛 예수 그리스도의 이름으로 사랑하는 ○○(이)에게 선포하며 기도합니다.

○○(이)는 언제나 학교생활에 잘 적응하는 아이가 될지어다.

선생님을 힘들게 하거나 문제아처럼 말썽을 부리는 일이 없을지어다.

수업에 대한 집중력과 이해력이 있으므로 선생님이 가르치는 것을 잘 이해하며 익혀나갈 수 있는 학교생활을 할지어다.

친구들을 사귀지 못하여 외톨이가 되거나 왕따를 당하는 일이 없을지어다. 친구들과 잘 사귀고 교제함으로 원만한 대인관계를 형성해 나갈 수 있는 학교생활을 할지어다.

공동체 생활을 통하여 사회성을 기르며, 배움을 통하여 필요한 지식을 쌓아가는 데 최선을 다할지어다. 지혜의 샘이 더하여짐으로 인성과 지성을 겸비한 사람으로 다듬어지는 학교생활을 할지어다.

무엇보다도 신앙이 묻어 있는 학교생활을 할지어다. 수업하기 전에 기도로 하나님의 지혜를 구하고, 배우고 익힌 것을 하나님께 감사하며 영광을 돌릴지어다.

또한 또래들을 전도할 수 있는 전도자가 될지어다. 단지 친구를 사귀는 것으로 끝나는 것이 아니라, 믿지 않는 친구들을 주님께로 인도할 수 있는 주님의 제자가 될지어다.

배움과 인격과 신앙의 기초를 든든히 세워가는 학교생활이 될지어다.

예수님의 이름으로 기도합니다. 아멘

좋은 학습 습관과 태도가 있어라

Power of Bible •
악한 사람들과 속이는 자들은 더욱 악하여져서 속이기도 하고 속기도 하나니 그러나 너는 배우고 확신한 일에 거하라 너는 네가 누구에게 배운 것을 알며 (딤후 3:13,14)

나사렛 예수 그리스도의 이름으로 사랑하는 ○○(이)에게 선포하며 기도합니다.

○○(이)는 언제나 좋은 학습의 습관과 태도를 가질지어다.

학습에 대한 계획을 잘 세울 수 있는 지혜가 있을지어다. 배움에 대한 자기관리를 잘해나가며, 창조적인 학습태도를 만들어갈 수 있는 학생이 될지어다.

학교에서의 수업과, 집에서의 복습이나 예습을 할 때, 학습자의 기본 원칙을 잘 지키고, 산만한 생각을 잘 다스릴 수 있는 통제력을 가진 학생이 될지어다.

학년에 맞는 필요한 것들을 배워가는 과정 속

에서 학습에 대한 태도를 바르게 하며, 선생님의 말씀에 집중할 수 있는 정서적 안정을 가진 학생이 될지어다.

무엇을 배우든지 수업에 들어가기 전에 먼저 학습하여 자기 준비를 철저히 하며, 불필요한 것들에 마음을 빼앗기는 일이 없도록 학습 분위기를 잘 만들어갈 수 있는 학생이 될지어다.

무엇을 배우고 어떤 것을 익히든지 항상 자신감을 잃지 않으며, 배우고자 하는 의욕을 상실하지 않고 적극적으로 나아갈 수 있는 학생이 될지어다.

학습을 통해서도 하나님이 받으시는 기쁨이 있음을 기억하여 복 있는 학습생활을 잘 만들어가는 학생이 될지어다.

예수님의 이름으로 기도합니다. 아멘

지혜로운 사람이 되어라

Power of Bible •

지혜를 얻는 자와 명철을 얻은 자는 복이 있나니 이는 지혜를 얻는 것이 은을 얻는 것보다 낫고 그 이익이 정금보다 나음이니라 (전 3:13,14)

나사렛 예수 그리스도의 이름으로 사랑하는 ○○(이)에게 선포하며 기도합니다.

○○(이)는 언제나 모든 것에 지혜로운 사람이 될지어다.

인생을 살아가는 가운데 정말 필요한 것이 지혜이니 사랑하는 ○○(이)는 지혜를 얻고, 지혜로운 사람이 되기 위하여 마음을 쏟을 줄 아는 사람이 될지어다.

지혜는 하나님으로부터 오는 것이니 언제나 하나님을 의뢰하고, 지혜로운 사람이 되기 위하여 솔로몬같이 지혜를 구할 줄 아는 사람이 될지어다.

하나님이 채워주시는 지혜와 명철로 선한 것

과 악한 것을 명확히 분별할 줄 알며, 칭찬받을 일과 비난받을 일을 정확히 분별할 줄 아는 지혜로운 사람이 될지어다.

또한 해야 할 것과 하지 말아야 할 것을 분명히 분별할 줄 알며, 가야할 곳과 가지 말아야 할 곳을 정확히 구분할 줄 아는 지혜로운 사람이 될지어다.

학교에서는 선생님의 가르침을 잘 받을 줄 알며, 가정에서는 부모님의 훈계를 잘 받을 줄 아는 지혜로운 사람이 될지어다.

또한 가르침을 주는 선생님을 존경할 줄 알며, 양육하는 부모님을 공경할 줄 하는 지혜로운 사람이 될지어다.

무엇보다도 하나님을 경외하는 것이 지혜의 근본이니 마음과 뜻과 정성을 다하여 하나님을 잘 섬길 수 있는 지혜로운 사람이 될지어다.

예수님의 이름으로 기도합니다. 아멘

책 읽는 사람이 되어라

Power of Bible •
명철한 자의 마음은 지식을 얻고 지혜로운 자의 귀는 지식을 얻느니라 (잠 18:5)

나사렛 예수 그리스도의 이름으로 사랑하는 ○○(이)에게 선포하며 기도합니다.

○○(이)는 언제나 책을 가까이 하는 사람이 될지어다.

성공하는 사람들의 공통된 특징은 독서하는 좋은 습관을 갖고 있었다는 것을 잊지 말지어다. 독서하는 좋은 습관은 바른 생각을 할 수 있는 사고력을 키워주고, 바른 비전과 목표를 갖게 하는 데 엄청난 도움을 준다는 것을 기억할지어다.

또한 바른 인성과 인격을 다듬어가는 데도 책만큼 좋은 선생이 없음을 기억할지어다.

언어의 폭도 좋은 독서의 습관을 통하여 기를

수 있음을 기억하고, 넓은 시야를 갖는 것도 책을 통하여 만들어 진다는 것을 기억할지어다.

사랑하는 ○○(아)야, 많은 책을 접하는 것만큼 인생에 큰 자산이 없음을 결코 잊지 말지어다. 책을 통한 다양한 지식과 경험들은 돈으로도 살 수 없는 인생의 큰 자본임을 결코 잊지 말지어다.

사랑하는 ○○(이)는 책 읽는 좋은 습관을 통하여 더 넓은 지식의 세계와 더 깊은 정신세계를 키워갈지어다.

쉽게 경험하기 힘든 것들과 경험할 수 없는 것들을 다양하게 경험할 수 있는 즐거움을 누릴지어다.

생각을 어지럽게 하거나 인생에 해로움을 주는 책들은 경계하며, 신앙생활에 방해가 되는 책들은 아예 멀리하는 사람이 될지어다.

예수님의 이름으로 기도합니다. 아멘

집중력을 가진 사람이 되어라

Power of Bible •
이 모든 일에 전심전력하여 너의 성숙함을 모든 사람에게 나타나게 하라 (딤전 4:15)

나사렛 예수 그리스도의 이름으로 사랑하는 ○○(이)에게 선포하며 기도합니다.

○○(이)는 언제나 집중력을 가진 사람이 될지어다.

공부를 잘하고 못하는 비결은 집중력에 달려 있음을 잊지 말지어다.

학교에서 선생님의 가르침을 받을 때나, 집에서 복습과 예습을 할 때 분주함이나 산만함에 사로잡히지 않고 집중하여 할지어다.

상념에 사로잡혀 선생님이 하시는 말씀을 놓지지 않으며, 또한 그 가르침을 이해하지 못하여 딴전을 피우는 일이 없을지어다.

공부를 하면 할수록 재미가 더하여지며, 더하

고 싶은 의욕이 그 마음에 즐거움으로 남을 수 있을지어다.

혹 ○○(이)의 생각을 어지럽게 하는 일들이 공부하고자 하는 마음을 방해하거나 가로막으면 예수님의 이름을 앞세워 믿음으로 물리칠지어다.

교회에서도 선생님을 통하여 신앙의 가르침을 받을 때에 집중하여 들으며, 배우면 배울수록 더 알고 싶은 욕구가 ○○(이)의 마음을 주장하도록 할지어다.

주님이 기뻐하시는 배우고 확신한 일에 거하는 첫걸음도 집중하는 태도가 우선되어야 함을 잊지 말지어다.

예수님의 이름으로 기도합니다. 아멘

기본이 잘 잡혀있는 사람이 되어라

Power of Bible •
지혜를 얻으며 명철을 얻으라 내 입의 말을 잊지 말며 어기지 말라 (잠 4:5)

나사렛 예수 그리스도의 이름으로 사랑하는 ○○(이)에게 선포하며 기도합니다.

○○(이)는 언제나 기본이 잘 잡혀 있는 사람이 될지어다.

기본이 잘 잡혀 있지 않으면 성공 앞에서도 무너질 수 있음을 잊지 말지어다.

기본이 잘 잡혀 있지 않으면 무엇을 하든지 쉽게 흔들리고, 갈팡질팡할 수 있음을 잊지 말지어다.

사랑하는 ○○(이)는 절대로 기본을 무시하지 말며 기본에 충실할 수 있는 사람이 될지어다.

잘되고 안 되는 것의 기준은 기본에 달려있다

는 것을 늘 마음에 새겨두는 사람이 될지어다.

무엇을 익히고 배우든지 성급함이나 건성으로 임하는 태도를 경계하며, 진지함을 갖고 하나하나, 차근차근히, 기본을 다져갈 수 있는 사람이 될지어다.

신앙의 기본도 잘 잡힌 신앙의 사람이 될지어다. 어릴 때부터 신앙의 틀을 잘 갖추어서 그 신앙의 틀이 ○○(이)의 일생을 세워주는 모판이 될지어다.

○○(이)는 반드시 기본을 중시하고 기본이 잘 잡혀 있는 하나님의 사람이 될지어다.

예수님의 이름으로 기도합니다. 아멘

자신을 잘 다스리는 사람이 되어라

Power of Bible •

노하기를 더디 하는 자는 용사보다 낫고 자기의 마음을 다스리는 자는 성을 빼앗는 자보다 나으니라 (잠 16:32)

나사렛 예수 그리스도의 이름으로 사랑하는 ○○(이)에게 선포하며 기도합니다.

○○(이)는 언제나 자신을 잘 다스릴 줄 아는 사람으로 성장할지어다.

자신의 생각과 마음을 잘 다스릴 줄 알며, 입과 혀를 잘 다스릴 줄 아는 사람으로 성장할지어다.

자신의 손과 발을 잘 다스릴 줄 알며, 이생의 안목과 육신의 정욕을 잘 다스릴 줄 아는 사람으로 성장할지어다.

자신의 이성과 감정을 잘 다스릴 줄 알며, 의욕과 욕구를 잘 다스릴 줄 아는 사람으로 성장할지어다.

자신의 성격과 성질을 잘 다스릴 줄 알며, 돈과 재물을 잘 다스릴 줄 아는 사람으로 성장할지어다.

자신의 강함과 약함을 잘 다스릴 줄 알며, 성공과 실패를 잘 다스릴 줄 아는 사람으로 성장할지어다.

자신의 걱정과 염려를 잘 다스릴 줄 알며, 슬픔과 기쁨을 잘 다스릴 줄 아는 사람으로 성장할지어다.

자신의 교만과 자만을 잘 다스릴 줄 알며, 꿈과 비전을 잘 다스릴 줄 아는 사람으로 성장할지어다.

자신의 환경과 생활을 잘 다스릴 줄 알며, 주어진 삶을 잘 가꿀 줄 아는 사람으로 성장할지어다.

예수님의 이름으로 기도합니다. 아멘

물질을 잘 다스리는 사람이 되어라

Power of Bible •
오직 너희를 위하여 보물을 하늘에 쌓아두라 거기는 좀이나 동록이 해하지 못하며 도둑이 구멍을 뚫지도 못하고 도적질도 못하느니라 (마 6:20)

나사렛 예수 그리스도의 이름으로 사랑하는 ○○(이)에게 선포하며 기도합니다.

○○(이)는 언제나 물질을 잘 관리하고 다스릴 수 있는 지혜를 가진 사람이 될지어다.

재물에 현혹되거나 재물이 우상이 되는 일은 없게 하고, 재물에 집착하여 주님보다 재물을 더 사랑하는 일은 하지 말지어다.

언제나 주님의 말씀에 기초한 물질관을 가지고, 물질을 주님의 뜻을 나타내는 데 사용할 수 있는 사람이 되며, 자신의 욕구를 채우는 일에는 가난한 사람이 될지어다.

매사에 주님 앞에 드리고 바칠 것은 마음을 담아 정성껏 드릴 수 있는 사람이 되고, 하나님의 것은 절대 손대지 않는 사람이 될지어다.

또한 써야 할 곳과 쓰지 말아야 할 곳을 냉철하게 분별할 수 있는 지혜의 사람이 되고, 주님이 필요로 하는 곳에는 언제나 넉넉함과 여유를 보일 수 있는 복 있는 사람이 될지어다.

혹 물질이 부족하여 생활이 어려워진다 할지라도 주님을 원망하지 말고, 합력하여 선을 이루시는 주님의 섭리하심을 바라보며 감사의 고백을 드릴 수 있는 사람이 될지어다.

예수님의 이름으로 기도합니다. 아멘

장점과 특기를
잘 살리는 사람이 되어라

Power of Bible •
명철한 자의 마음은 지식을 얻고 지혜로운 자의 귀는 지식을 구하느니라 (잠 18:15)

나사렛 예수 그리스도의 이름으로 사랑하는 ○○(이)에게 선포하며 기도합니다.

○○(이)는 언제나 장점과 특기를 잘 살릴 수 있는 사람이 될지어다.

공평하신 하나님은 ○○(이)에게 귀한 생명을 선물로 주심과 동시에, ○○(이)만이 할 수 있는 장점과 특기도 선물로 주셨음을 기억하고 그것을 통하여 하나님의 영광을 나타내고 많은 사람들에게 기쁨을 줄 수 있는 사람이 될지어다.

자신에게 있는 장점과 특기를 계발하기에 힘쓰되 더욱 하나님의 지혜를 구할 수 있는 사람이 되고, 큰 능력으로 도우시는 하나님의 전능을 이롭게 하기 위하여 겸손함이 배어 있는 실력을 키우기에 마음을 쏟을 수 있는 사람이 될지어다.

겸손은 절대 모자란 것이나 비굴한 것이 아님을 기억하여라.

실력 있고 용기가 있는 사람만이 가질 수 있는 최고의 덕목임을 잊지 말지어다.

겸손한 실력을 갖춘 사람만이 세상을 아름답게 하고, 세상을 행복하게 하며, 자기 자신도 행복하게 할 수 있음을 잊지 말지어다.

사랑하는 ○○(이)는, 교만이 패망의 앞잡이라면 겸손은 성공의 선봉임을 마음 판에 꼭 새겨둘지어다.

예수님의 이름으로 기도합니다. 아멘

세월을 아끼는 사람이 되어라

Power of Bible •
세월을 아끼라 때가 악하니라 그러므로 어리석은 자가 되지 말고 오직 주의 뜻이 무엇인가 이해하라 (엡 5:16,17)

나사렛 예수 그리스도의 이름으로 사랑하는 ○○(이)에게 선포하며 기도합니다.

○○(이)는 언제나 세월을 아끼는 지혜로운 사람이 될지어다.

시편기자의 고백대로 세월이 날아가고 있음을 잊지 말지어다. 언제나 세월이 참 빠르게 가고 있다는 것을 깨달으며 사는 지혜로운 사람이 될지어다.

그러므로 사랑하는 ○○(이)는 세월을 아끼는 삶을 살아갈지어다.

하나님이 선물로 주신 귀한 세월을 허탄한 것을 위하여 낭비하는 어리석은 자가 되지 말고, 인생에 주어진 때는 다시 오지 않음을 깨달아,

때에 맞게 열심을 다할 수 있는 삶을 살아갈지어다.

부지런한 삶을 살되 자신의 욕구만을 앞세운 삶이 되지 말며, 하나님의 뜻을 우선하여 언제나 그분께 인정받는 삶을 살아가는 사람이 될지어다.

그리하여 먹든지 마시든지 무엇을 하든지 하나님이 영광을 받으시는 삶이 될지어다.

육신과 영혼이 게으르지 아니함으로 언제나 하나님이 도우시는 형통한 인생이 되고, 때에 맞는 복되고 아름다운 열매를 풍성히 맺는 삶이 될지어다.

세월을 아끼는 것이 지혜요, 주님 앞에서 복된 인생을 사는 것임을 잊지 않는 사람이 될지어다.

예수님의 이름으로 기도합니다. 아멘

축복을 시인하는 사람이 되어라

Power of Bible •
내가 진실로 너희에게 이르노니 누구든지 이 산더러 들리어 바다에 던져지라 하며 그 말하는 것이 이루어질 줄 믿고 마음에 의심하지 아니하면 그대로 되리라 (막 11:23)

나사렛 예수 그리스도의 이름으로 사랑하는 ○○(이)에게 선포하며 기도합니다.

○○(이)는 언제나 하나님의 복을 시인하는 사람이 될지어다. 그리하여 그것을 받아 누리는 삶을 살아갈지어다.

하나님께서는 당신의 사랑하는 자녀들에게 복을 주시겠다고 약속하셨지만 그래도 그것을 구하여야만 주시겠다는 말씀을 기억할지어다.

그러므로 날마다 기도를 통하여 축복을 선언하며, 날마다 축복을 시인하는 삶을 살아갈지어다.

"전능하신 하나님이 나의 꿈을 붙드신다."
"나를 위한 놀라운 계획을 갖고 계신다."

"나의 목표를 세우신다."
"나의 앞길을 지도하신다."
"나에게 좋은 것으로 채우신다."
"나를 잘되게 해주신다." 고백하고 선포하며 살아갈지어다.

너의 언어는 하늘 문을 열기도 하고 닫기도 하는 열쇠이다. 그러므로 부정적인 언어는 사용하지 말며, 축복의 언어만 사용하는 사람이 될지어다.

사랑하는 ○○(이)는 하나님의 자녀의 권세를 가진 자다. 후사요 상속자로 삼으셨음을 잊지 말지어다.

예수님의 이름으로 기도합니다. 아멘

환경을 잘 다스리는 지혜로운 사람이 되어라

Power of Bible •

나는 비천에 처할 줄도 알고 풍부에 처할 줄도 알아 모든 일 곧 배부름과 배고픔과 풍부와 궁핍에도 처할 줄 아는 일체의 비결을 배웠노라 내게 능력 주시는 자 안에서 내가 모든 것을 할 수 있느니라 (빌 4:12,13)

나사렛 예수 그리스도의 이름으로 사랑하는 ○○(이)에게 선포하며 기도합니다.

○○(이)는 언제나 환경을 잘 다스리는 지혜로운 사람이 될지어다.

인생을 살다보면 좋은 일도 만나고 나쁜 일을 만날 때도 있을 것이다. 높아질 때가 있으면 낮아질 때도 있을 것이다. 건강할 때가 있으면 약해질 때도 있을 것이다. 부유할 때가 있으면 가난할 때도 있을 것이다.

사람은 누구나 이런 환경의 영향을 받으며 살아갈 수밖에 없을 터인데, ○○(이)에게 어떤 환경이 주어지든 그 환경을 잘 다스릴 수 있는 지혜의 사람이 될지어다.

환경이 열악하다고 하여 환경 탓이나, 부모 탓이나, 팔자 탓을 늘어놓는 비관론자가 되지 말고, 환경이 좋아졌다고 해서 자기의 성공담을 늘어놓으며 거들먹거리는 자만한 자가 되지 말지어다.

그리 좋지 않은 환경 속에서도 삶의 기회를 찾아낼 수 있는 지혜의 사람이 되고, 좋은 환경 속에서도 세월을 아낄 줄 아는 지혜의 사람이 될지어다.

언제나 인생을 잘 사는 사람은 삶의 여건에 있는 것이 아니라, 환경을 잘 다스릴 줄 아는 지혜에 있음을 알아서, 사랑하는 우리 ○○(이)는 환경을 잘 다스려 나갈 수 있는 지혜의 사람이 될지어다.

예수님의 이름으로 기도합니다. 아멘

방황하지 않는 삶을 사는 사람이 되어라

Power of Bible •
주께서 생명의 길을 내게 보이시리니 주의 앞에는 충만한 기쁨이 있고 주의 오른쪽에는 영원한 즐거움이 있나이다
(시 16:11)

나사렛 예수 그리스도의 이름으로 사랑하는 ○○(이)에게 선포하며 기도합니다.

○○(이)는 언제나 방황하지 않는 삶을 사는 사람이 될지어다.

방황하게 되면 시기와 때와 기회를 모두 놓쳐 버리고 후회하는 인생이 될 수 있다는 것을 잊지 말지어다.

방황하게 되면 좀 더 값지고 의미 있게 살 수 있는 삶을 송두리째 빼앗겨 버릴 수 있다는 사실을 잊지 말지어다.

미혹과 유혹의 손길이 있어도 절대 타협하지 말며, 어려움과 환난이 있어도 절대로 무너지는 모습은 보이지 말지어다.

하나님의 자녀답게, 민음의 사람답게 넉넉히 뛰어넘는 용기의 사람이 될지어다.

사랑하는 ○○(이)가 방황으로부터 자신을 지키기 위해서는 무엇보다 주님을 늘 가까이 해야 함을 잊지 말지어다.

주님의 도우심을 바라고, 그분을 전적으로 의지하는 사람이 될지어다.

그리하여 세상의 유혹의 불빛에 현혹되는 인생이 아니라, 언제나 주님의 은혜의 불빛을 따라 이끌림을 받는 사람이 될지어다.

또한 매일의 삶 속에서 기도를 쉬지 말며 매 순간마다 주님께 올리는 찬송도 놓치지 말지어다.

언제나 주님의 은혜 안에서 자신의 삶을 승리로 이끌어 가는 사람이 될지어다.

예수님의 이름으로 기도합니다. 아멘

실패를 두려워하지 않는 사람이 되어라

Power of Bible •
대저 의인은 일곱 번 넘어질지라도 다시 일어나려니와 악인은 재앙으로 말미암아 엎드러지느니라 (잠 24:16)

　나사렛 예수 그리스도의 이름으로 사랑하는 ○○(이)에게 선포하며 기도합니다.
　○○(이)는 언제나 실패를 두려워하지 않는 사람이 될지어다.
　실패는 삶 가운데서 누구나 겪게 되는 하나의 과정임을 기억하여 실패를 겁내거나 두려워하지 말지어다.
　실패를 겁내거나 두려워하면 그 무엇도 이루어낼 수 없음을 기억하여 혹 실패를 경험한다 할지라도 당당히 맞설 수 있는 배짱이 있는 사람이 될지어다.
　실패할 것이 두려워 무엇에 도전하는 데 망설이지 말며, 아픔이 주어질 것이 겁이나 포기를 먼저 생각하는 인생이 되지 말지어다.

실패가 두려워 도전하는 것을 포기하면 발전할 수 있는 기회 또한 더 이상 주어지지 않음을 잊지 말지어다. 실패의 아픔이 주어진다 할지라도 도전하고, 두려움이 밀려와도 도전하는 사람이 될지어다.

실패를 두려워하지 않고 도전하는 자에게는 아픔과 두려움 속에서도 반드시 자신의 인생이 새롭게 변화되는 것을 경험할 수 있음을 잊지 말지어다.

인생의 진정한 성공자는 실패 없이 살아온 사람이 아니라, 수없는 실패를 딛고 일어서서 계속 도전을 멈추지 않은 사람임을 잊지 말지어다.

○○(이)는 실패를 두려워 하지 않는 사람이 될지어다.

예수님의 이름으로 기도합니다. 아멘

방만한 사람이
되지 말아라

Power of Bible •
너희는 스스로 조심하라 그렇지 않으면 방탕함과 술취함과 생활의 염려로 마음이 둔하여지고 뜻밖에 그 날이 덫과 같이 너희에게 임하리라 (눅 21:34)

나사렛 예수 그리스도의 이름으로 사랑하는 ○○(이)에게 선포하며 기도합니다.

○○(이)는 절대 방만한 삶을 사는 사람이 되지 말지어다.

정말 아무에게도 방해받지 않고, 어떤 규제도 없이, 자기가 하고 싶은 대로 행동하며 사는 것이 행복이 아님을 늘 깨달으며 사는 사람이 될지어다.

방만한 삶은 결국 불행을 가져다 주는 것임을 잊지 말고, 조금 불편하고 힘들어도 법과 원칙을 잘 지키며 살아가는 사람이 될지어다.

일상생활의 규범도 잘 지키며, 신앙생활의 규범도 잘 지키며 살아가는 사람이 될지어다.

혹 자신도 억제하기 힘든 숨은 욕망이 꿈틀거릴지라도 그와 같은 본능과 싸워 이겨나가는 사람이 되고, 그것이 힘들어질 때 도우시는 성령님을 강하게 의지할 수 있는 사람이 될지어다.

사랑하는 ○○(이)가 정말 행복하고 잘사는 사람이 되기를 간절히 원한다.

마음 내키는 대로 아무렇게나 살려고 하는 생각은 조금이라도 갖지 않기를 원한다.

성령님이 너의 생각과 마음을 지켜주시기를 항상 기도하는 사람이 될지어다.

예수님의 이름으로 기도합니다. 아멘

꼭 필요한 사람이 되어라

Power of Bible •
하나님이 이르시되 그가 나를 사랑한즉 내가 그를 건지리라 그가 내 이름을 안즉 내가 그를 높이리라 (시 91:14)

나사렛 예수 그리스도의 이름으로 사랑하는 ○○ (이)에게 선포하며 기도합니다.

○○ (이)는 언제나 이 사회에 꼭 필요한 사람이 될지어다.

이 사회에 있으나 마나 한 사람, 있어서는 안 될 사람이 되지 말고 없어서는 안 되는 꼭 필요한 사람이 될지어다.

이 사회에 꼭 있어야만 하는 사람이 되기 위하여 열심히 공부함으로 실력을 쌓으며, 다양한 경험과 지혜를 습득하기 위하여 대가를 지불할 줄 아는 사람이 될지어다.

또한 자기 발전을 위하여 끝없이 노력하며, 맡겨진 일에는 공공의 유익을 위하여 성실히 감당할 수 있는 사람이 될지어다.

  사람들을 돕거나 유익하게 하는 일이라면 먼저 하고, 사람들에게 해가 되는 일이라면 앞장서서 막을 수 있는 사람이 될지어다.

  사람을 구제하는 일에는 자신에게 있는 것을 깨뜨릴 줄 알며, 사람을 살리는 일이라면 기꺼이 희생할 수 있는 사람이 될지어다.

  영화와 인기보다 사랑과 인정을 받기에 힘쓰고, 권세와 재물보다 사람을 얻기에 힘쓰는 사람이 될지어다.

  특히 하나님께 인정받고 쓰임받는 사람이 되기 위하여 그분을 온전히 의지하고 의뢰하는 사람이 될지어다.

  예수님의 이름으로 기도합니다. 아멘

제 2 부
인격적 리더십을 세워주는
자녀축복 선포기도문

나는 비천에 처할 줄도 알고
풍부에 처할 줄도 알아
모든 일 곧 배부름과 배고픔과 풍부와 궁핍에
처할 줄도 아는 일체의 비결을 배웠노라
(빌 4:2)

축복을 심는 사람이 되어라

Power of Bible •

우리가 축복하는바 축복의 잔은 그리스도의 피에 참여함이 아니며 우리가 떼는 떡은 그리스도의 몸에 참여함이 아니냐 (고전 10:16)

나사렛 예수 그리스도의 이름으로 사랑하는 ○○(이)에게 선포하며 기도합니다.

○○(이)는 언제나 축복을 심는 사람이 될지어다.

마음이 강퍅한 이에게 사랑의 언어로 축복을 심어주고, 아픔을 당한 이에게 소망의 언어로 축복을 심어줄 수 있는 사람이 될지어다.

힘들고 지친 이에게 용기의 언어로 축복을 심어주고, 절망으로 탄식하는 이에게 희망의 언어로 축복을 심어 줄 수 있는 사람이 될지어다.

불평이 가득한 이에게 긍정의 언어로 축복을 심어주고, 분열이 있는 이에게 화해의 언어로 축복을 심어줄 수 있는 사람이 될지어다.

어려움을 당한 이에게 감사의 언어로 축복을 심어주고, 갈등을 겪는 이에게 확신의 언어로 축복을 심어줄 수 있는 사람이 될지어다.

질병으로 고통하는 이에게 치료의 언어로 축복을 심어주고, 원치 않는 사고를 당한 이에게 위로의 언어로 축복을 심어줄 수 있는 사람이 될지어다.

실패한 이에게 꿈과 비전의 언어로 축복을 심어주고, 성공한 이에게 격려의 언어로 축복을 심어줄 수 있는 사람이 될지어다.

사랑하는 ○○(이)는 축복을 심는 사람이 될지어다.

예수님의 이름으로 기도합니다. 아멘

덕 있는 사람이 되어라

Power of Bible

이같이 너희 빛을 사람 앞에 비치게 하여 그들로 너희 착한 행실을 보고 하늘에 계신 너희 아버지께 영광을 돌리게 하라 (마 5:16)

나사렛 예수 그리스도의 이름으로 사랑하는 ○○(이)에게 선포하며 기도합니다.

○○(이)는 언제나 덕 있는 사람이 될지어다.

훌륭한 사람이 되려면 용기도 있고 지혜도 있어야 하겠지만 보다 더 중요한 덕이 있어야 함을 잊지 말지어다. 그러므로 ○○(이)는 용기와 지혜 위에 덕을 갖출 수 있는 사람이 될지어다.

○○(이)가 덕을 갖춘 사람으로 용서할 수 없는 사람도 용납하며, 이해할 수 없는 사람도 포용할 수 있는 사람이 될지어다.

덕을 갖춘 사람으로 사나운 사람에게도 친절을 베풀고, 피해를 주는 사람에게도 축복할 수 있는 사람이 될지어다.

덕을 갖춘 사람으로 분열이 있는 곳에는 사랑을 심어주며, 다툼이 있는 곳에는 화해를 심어주며 화합할 수 있는 사람이 될지어다.

○○(이)가 덕을 갖춘 사람이 됨으로 자신의 인격이 더욱 성숙하는 것을 경험하며, 자신을 새롭게 빚으시는 주님의 은총을 경험할 수 있는 사람이 될지어다.

더 나아가 주님의 아름다운 덕을 선전하며, 많은 영혼을 주님께로 돌아오게 할 수 있는 사람이 될지어다.

사랑하는 ○○(이)가 일생을 살아가는 동안 덕처럼 중요한 것이 없음을 깨달아, 언제나 착한 행실을 많이 보일 수 있는 덕 있는 사람이 될지어다.

예수님의 이름으로 기도합니다. 아멘

친절한 사람이 되어라

Power of Bible •
하나님이 능히 모든 은혜를 너희에게 넘치게 하시나니 이는 너희로 모든 일에 항상 모든 것이 넉넉하여 모든 착한 일을 넘치게 하려 하심이라 (고후 9:8)

나사렛 예수 그리스도의 이름으로 사랑하는 ○○(이)에게 선포하며 기도합니다.

○○(이)는 언제나 친절한 사람이 될지어다.

친절은 하나님이 인간에게만 주신 특별한 선물임을 기억할지어다.

친절을 베푸는 사람은 세상을 행복하게 하는 사람임을 기억할지어다.

또한 세상에서 가장 행복한 사람은 남을 행복하게 하는 사람임을 기억할지어다.

○○(이)가 친절한 사람이 되기 위하여 주님의 성품을 닮아가기에 힘쓰고, 몸에 배인 친절이 되기 위하여 연습과 훈련을 게을리 하지 않는 사람이 될지어다.

누구에게나 친절하여 잔잔한 감동을 더해줄 수 있는 사람이 되고, 주변을 기쁘게 하고 즐겁게 할 수 있는 사람이 될지어다.

친절을 베풀 때에 사람을 가리거나 구분하지 말며, 어느 누구에게라도 친절하여 사람다운 따뜻한 모습을 보여줄 수 있는 사람이 될지어다.

또한 ○○(이)의 친절함이 만나는 사람들에게 예수님을 보여줄 수 있는 기회가 될 수 있게 할지어다. 그리하여 많은 사람을 주님께로 돌아오게 할 수 있는 믿음의 사람이 될지어다.

친절함이 성공과 행복을 위한 매우 중요한 자산이 될 수 있음도 깨달아, 언제나 친절한 사람이 되기 위하여 주님께 겸손히 엎드려 기도하는 사람이 될지어다.

예수님의 이름으로 기도합니다. 아멘

정직한 사람이 되어라

Power of Bible •
여호와는 의로우사 의로운 일을 좋아하시나니 정직한 자는 그의 얼굴을 뵈오리로다 (시 11:7)

나사렛 예수 그리스도의 이름으로 사랑하는 ○○(이)에게 선포하며 기도합니다.

○○(이)는 언제나 정직한 사람이 될지어다.

심지 않은 데서 거두는 것을 기뻐하지 말며, 꾀부리며 요령껏 사는 것에 마음을 빼앗기지 않는 사람이 될지어다.

손해를 보는 일을 당해도 불의와 타협하는 일은 하지 말며, 억울한 일을 당해도 진리를 굽게 하는 일을 하지 않는 사람이 될지어다.

'악인들은 풀 같이 자라고 악을 행하는 자들은 다 흥왕할지라도 영원히 멸망한다(시92:7)'고 말씀하였으니, 사랑하는 ○○(이)는 한낱 풀 같은 성공에 미혹되거나 마음이 흔들리는 일은 없을지어다.

 정직하게 사는 것이 손해 보는 것 같고 더디 가는 것 같아도 정직한 삶을 좇아가는 것에 마음을 쏟을 수 있는 사람이 될지어다. 그것이 하나님께서 가장 기뻐하시는 방법이며 사람에게 사랑과 존경을 받는 가장 빠른 길임을 잊지 말지어다.

 정직하게 사는 것이 좀 바보 같고 답답해 보여도 '의인은 종려나무 같이 번성하며 레바논의 백향목 같이 성장하게 된다' (시92:12)는 주님의 말씀에 힘을 얻어 정직에 생명을 걸 수 있는 ○○(이)의 삶이 될지어다.

 예수님의 이름으로 기도합니다. 아멘

섬기는 사람이 되어라

Power of Bible •
인자가 온 것은 섬김을 받으려 함이 아니라 도리어 섬기려 하고 자기 목숨을 많은 사람의 대속물로 주려 함이라
(막 10:45)

나사렛 예수 그리스도의 이름으로 사랑하는 ○○(이)에게 선포하며 기도합니다.

○○(이)는 언제나 주님을 본받아 섬기며 사는 사람이 될지어다.

주님을 본받아 섬김의 삶을 실천하는 것이 예수님을 온전히 닮아가는 것임을 잊지 말지어다.

하나님이신 우리 주님이 죄인들을 섬기심으로 영육이 잘되는 구원의 길을 열어주셨듯이, 사랑하는 ○○(이)도 자신의 섬김을 통하여 많은 사람들을 주께로 인도할 수 있는 사람이 될지어다.

지식이 있으면 지식을 나눌 수 있는 사람이 되고, 재물이 있으면 재물을 나눌 수 있는 사람

이 될지어다.

재능이 있으면 재능을 나눌 수 있는 사람이 되고, 좋은 경험을 얻은 것이 있으면 그것을 나눌 수 있는 사람이 될지어다.

사랑하는 ○○(이)는 주어진 인생을 사는 동안 섬기며 사는 삶으로 더욱 충만해지는 사람이 될지어다. 그리하여 다른 사람들을 부요케 하고 형통케 할 수 있는 축복의 사람이 될지어다.

섬기는 것이 기쁨이 되고, 섬기는 것이 즐거움이 되고, 섬기는 것이 인생의 행복이 될 수 있는 ○○(이)가 될지어다. 어느 환경, 어떤 위치에 있든지 섬기는 삶을 실천함으로 생명까지도 내어주신 주님을 닮아가는 예수의 사람이 될지어다.

예수님의 이름으로 기도합니다. 아멘

온유한 사람이 되어라

Power of Bible •
오직 너 하나님의 사람아 이것들을 피하고 의와 경건과 믿음과 사랑과 인내와 온유를 좇으며 (딤전 6:11)

나사렛 예수 그리스도의 이름으로 사랑하는 ○○(이)에게 선포하며 기도합니다.

○○(이)는 언제나 온유한 사람이 될지어다.

주님께서는 온유하신 자신을 배우라고 말씀하셨으니, ○○(이)는 하나님을 섬기면서 주님의 온유를 배우고 닮아갈 수 있는 사람이 될지어다(마11:29).

무슨 일을 하든지 어떤 환경에 있든지 온유함을 좇아 행하는 사람이 되며, 누구를 만나든지 누구와 교제를 하든지 온유한 마음으로 대할 수 있는 사람이 될지어다.

주변의 사람에게서 어떤 잘못한 일이 드러나거든 온유한 마음으로 그를 바로 잡아줄 수 있는 사람이 되고, 자신도 돌아보아 그와 같은 시험에 빠지지 않도록 두려워할 수 사람이 될지어다(갈6:1).

무슨 말을 할 때에도 겸손과 온유로 할 수 있는 사람이 되며, 무슨 말을 듣든지 오래 참음으로 사랑 가운데서 서로 용납하며 들을 수 있는 사람이 될지어다(엡4:2).

그리하여 모세와 같이 온유함이 지면의 모든 사람보다 승하다는 주님의 인정을 받는 사람이 될지어다(민12:3).

온유한 마음으로 사는 것이 성령의 열매를 맺고 하나님이 주시는 땅을 기업으로 얻게 되는 것임을 잊지 말지어다(마5:5, 갈5:23).

예수님의 이름으로 기도합니다. 아멘

칭찬받는 사람이 되어라

Power of Bible •
사람은 그 지혜대로 칭찬을 받으려니와 마음이 굽은 자는 멸시를 받으리라 (잠 12:8)

나사렛 예수 그리스도의 이름으로 사랑하는 ○○(이)에게 선포하며 기도합니다.

○○(이)는 언제나 칭찬받는 사람이 될지어다.

부모에게도 칭찬을 들을 수 있는 사람이 되고, 이웃 어른들에게도 칭찬을 들을 수 있는 사람이 될지어다.

학교에서 사귀는 친구들에게도 칭찬을 들을 수 있는 사람이 되고, 가르침을 받는 선생님에게도 칭찬을 들을 수 있는 사람이 될지어다.

또한, 섬기는 교회에서도 칭찬을 들을 수 있는 사람이 되고, 주님께도 사랑받고 칭찬받는 사람이 될지어다.

그러나 무조건 칭찬을 받기 위하여 분에 넘치는 욕심을 내는 사람이 되지 말지어다.

착함과 성실함으로 주어진 것에 최선을 다함으로 복된 칭찬을 아름다운 상으로 받을 수 있는 사람이 될지어다.

또한, 사랑하는 ○○(이)가 다른 사람을 칭찬할 수 있는 사람이 될지어다.

다른 사람의 단점을 발견해 내는 데 익숙한 사람이 아니라, 다른 사람의 장점을 찾아내서 아름다운 칭찬을 선물해 주는 데 익숙한 사람이 될지어다.

그리고 칭찬 속에서 주님의 크신 사랑을 발견하며, 칭찬 속에서 주님의 크신 은혜를 깨닫는 사람이 될지어다.

예수님의 이름으로 기도합니다. 아멘

겸손한 사람이 되어라

Power of Bible •
교만이 오면 욕도 오거니와 겸손한 자에게는 지혜가 있느니라 (잠 11:2)

나사렛 예수 그리스도의 이름으로 사랑하는 ○○(이)에게 선포하며 기도합니다.

○○(이)는 언제나 주님을 닮은 겸손한 사람이 될지어다.

다른 사람을 무시하거나 얕잡아보는 오만함을 보이지 말며, 상처를 주거나 비난을 받는 사람이 되지 말지어다.

자랑할 것이 있어도 목에 힘주는 거만함을 보이지 말며, 능력을 갖추었어도 스스로 잘난 척, 스스로 거물인 척 교만을 앞세우는 사람이 되지 말지어다.

자신을 낮추고 다른 사람을 존중할 줄 아는 겸손의 사람이 될지어다.

혹 억울한 일을 당해도 자신의 결백을 변호하기 위하여 상대방의 단점을 들추어내는 일은 하지 말며, 오히려 침묵함으로 주님의 겸손을 배워갈 수 있는 복된 계기로 삼는 사람이 될지어다.

자신의 허물을 감추기 위하여 양심을 속이는 일은 하지 말며, 일부러 겸손하다는 것을 보여주기 위하여 억지 겸손이나, 억지 친절을 보이는 위선의 사람이 되지 말지어다.

하나님의 자녀로서 주님의 마음과 인격이 ○○(이)의 마음 안에서도 나타나며, 사람과 주님 앞에서 겸손한 자로서 인정받을 수 있는 아름다운 사람이 될지어다.

예수님의 이름으로 기도합니다. 아멘

감사의 사람이 되어라

Power of Bible •

범사에 감사하라 이는 그리스도 예수 안에서 너희를 향하신 하나님의 뜻이니라 (살전 5:18)

나사렛 예수 그리스도의 이름으로 사랑하는 ○○(이)에게 선포하며 기도합니다.

○○(이)는 언제나 감사할 수 있는 사람이 될지어다.

기쁘고 즐거운 일들이 넘칠 때에만 감사하는 것이 아니라, 괴롭고 슬플 일들이 마음을 무겁게 할 때에도 주님께 감사할 수 있는 사람이 될지어다.

인정과 칭찬을 들었을 때에만 감사하는 것이 아니라, 책망과 훈계를 들었을 때에도 주님께 감사할 수 있는 사람이 될지어다.

원하는 목표를 이루었을 때에만 감사하는 것이 아니라, 실패의 쓴잔을 마셨을 때에도 주님께 감사할 수 있는 사람이 될지어다.

　사람들에게 관심과 사랑을 받고 있을 때에만 감사하는 것이 아니라, 미움과 오해를 받고 있을 때에도 주님께 감사할 수 있는 사람이 될지어다.

　주어진 조건과 형편이 너무 좋고 윤택할 때에만 감사하는 것이 아니라, 최악의 조건과 열악한 환경이 되었을 때에도 주님께 감사할 수 있는 사람이 될지어다.

　건강한 육체와 정신을 가졌을 때에만 감사하는 것이 아니라, 아픔과 질병에 놓여있을 때에도 주님께 감사할 수 있는 사람이 될지어다.

　우리 ○○(이)는 모든 것 다 주님께 감사할 수 있는 감사의 사람이 될지어다.

　예수님의 이름으로 기도합니다. 아멘

공동체에 꼭 필요한 사람이 되어라

Power of Bible •

그를 높이라 그리하면 그가 너를 높이 들리라 만일 그를 품으면 그가 너를 영화롭게 하리라 (잠 4:8)

나사렛 예수 그리스도의 이름으로 사랑하는 ○○(이)에게 선포하며 기도합니다.

○○(이)는 언제나 공동체에 없어서는 안 될 꼭 필요한 사람으로 쓰임 받을지어다.

어디서나 유익한 일에 합당하게 쓰임받기 위하여 자기 관리를 잘할 수 있는 사람이 되고, 주어진 일에 성실함을 심을 수 있는 사람이 될지어다.

남보다 앞선 것이 있다고 하여 자만하거나 교만한 모습을 보이지 말며, 겸손한 모습으로 다른 사람의 유익을 먼저 구하며 세워줄 수 있는 사람이 될지어다.

어느 공동체든지 우리 ○○(이)가 있음으로

인하여 웃음꽃이 만발하게 피어나며, 무슨 일을 하든지 우리 ○○(이)가 있음으로 인하여 생기가 더해지는 일들이 넘치게 될지어다.

자신의 낮아짐을 통하여 공동체에 유익이 될 수 있다면 그 길을 택할 수 있는 사람이 되고, 자신의 희생을 통하여 공동체에 희망을 줄 수 있다면 그 길을 택할 수 있는 사람이 될지어다.

이 사회에서 없어서는 안 될 사람으로, 더욱이 주님의 영광을 드러내는 일에는 없어서는 안 될, 꼭 필요한 재목으로 쓰임 받는 사람이 될지어다.

예수님의 이름으로 기도합니다. 아멘

복되고 아름다운 사귐이 있어라

Power of Bible •

다윗에 대한 요나단의 사랑이 그를 다시 맹세하게 하였으니 이는 자기 생명을 사랑함같이 그를 사랑함이었더라 (삼상 20:17)

나사렛 예수 그리스도의 이름으로 사랑하는 ○○(이)에게 선포하며 기도합니다.

○○(이)에게 언제나 복되고 아름다운 사귐이 있을지어다.

어려울 때 도와줄 줄 알며, 말 못할 고민이 있을 때 서로의 고민을 들어줄 줄 아는 복되고 아름다운 사귐이 있을지어다.

서로에 대한 장점은 그 가치를 인정해 줄 줄 알며, 서로에 대한 약점은 보완해 줄 줄 아는 복되고 아름다운 사귐이 있을지어다.

칭찬받을 일이 있을 때 공을 서로에게 돌릴 줄 알며, 자기 자신보다 상대방을 세워줄 줄 아는 복되고 아름다운 사귐이 있을지어다.

건전하고 유익한 대화로 서로에게 도움을 줄 수 있는 사귐을 가지며, 서로의 미래를 위하여 꿈과 비전을 함께 나눌 수 있는 복되고 아름다운 사귐이 있을지어다.

혹여 지나친 경쟁 심리로 서로에게 상처를 주는 일은 하지 말며, 다윗과 요나단 같이 깊은 우정으로 서로를 감싸 안을 수 있는 복되고 아름다운 사귐이 있을지어다.

서로를 격려할 줄 알며, 서로를 인정할 줄 알며, 서로를 섬길 줄 알며, 서로를 위로할 줄 알며, 서로를 축복해 줄 줄 아는, 주님이 보시기에 복되고 아름다운 사귐이 있을지어다.

예수님의 이름으로 기도합니다. 아멘

복되고 아름다운 관계가 있어라

Power of Bible •
너희 안에서 착한 일을 시작하신 이가 그리스도 예수의 날까지 이루실 줄을 우리가 확신하노라 (빌 4:6)

나사렛 예수 그리스도의 이름으로 사랑하는 ○○(이)에게 선포하며 기도합니다.

○○(이)는 언제나 복되고 아름다운 관계를 만들어 가는 사람이 될지어다.

서로에게 정다운 대화로 푸근함을 더해줄 수 있는 관계를 가지며, 정감 있는 염려로 서로의 아픔을 아우를 수 있는 복되고 아름다운 관계를 갖는 사람이 될지어다.

서로에게 자랑할 것이 있으면 진지함으로 들어줄 수 있는 관계를 가지며, 힘들어 하는 것에는 따뜻한 위로로 용기를 심어줄 수 있는 복되고 아름다운 관계를 갖는 사람이 될지어다.

서로가 하는 일에 대해서는 보람과 긍지를 심

어줄 수 있는 관계를 가지며, 바라고 소망하는 것에 대해서는 비전을 심어줄 수 있는 복되고 아름다운 관계를 갖는 사람이 될지어다.

서로가 최선을 다하는 삶의 태도에 대하여는 기도해 주며 격려를 아끼지 않는 관계를 가지며, 보잘 것 없는 작은 이룸에도 가슴으로 축복해줄 수 있는 복되고 아름다운 관계를 갖는 사람이 될지어다.

오, 주여!

○○(이)는 주님이 기뻐하시는 복되고 아름다운 관계를 가질지어다. 그리하여 주님의 성품을 더 가까이 닮아가는 사람이 될지어다.

예수님의 이름으로 기도합니다. 아멘

감정을 다스리는 사람이 되어라

Power of Bible •
노하기를 더디하는 것이 사람의 슬기요 허물을 용서하는 것이 자기의 영광이니라 (잠 19:11)

나사렛 예수 그리스도의 이름으로 사랑하는 ○○(이)에게 선포하며 기도합니다.

○○(이)는 언제나 오래 참으신 주님을 본받아 분노의 감정을 잘 다스릴 수 있는 사람이 될지어다.

자기의 감정을 잘 다스리지 못하여 자주 짜증내거나, 조급해 하며, 쉽게 분노하고, 성내는 사람이 되지 말지어다.

제 뜻대로 되지 않는다고 하여 쉽게 화를 내지 말며, 비교당하거나 무시당할 때 가벼운 마음으로 넘어갈 수 있는 여유를 보여주는 사람이 될지어다.

사람들과의 만남에서 자신의 실수나 잘못이

드러났을 때 신속히 사과할 줄 알며, 다른 사람의 잘못을 보았을 때 넓은 마음으로 용납하고 용서할 수 있는 사람이 될지어다.

주님께서 모든 죄인을 감싸 안으시고 품어주신 것처럼, 사랑하는 ○○(이)도 모든 것을 감싸 안을 수 있는 넓은 품성을 지닌 사람이 될지어다.

미워하는 친구나 이웃도 만들지 말며, 용서를 하지 못하여 두고두고 분노를 곱씹어야 하는 사람도 만들지 말지어다.

사람들이 모인 어느 곳에서든지 화날 일이 발생하였을 때, 분노의 감정을 잘 다스려서 주님의 형상을 보여줄 수 있는 하나님의 사람이 될지어다.

예수님의 이름으로 기도합니다. 아멘

내려놓을 수 있는 사람이 되어라

Power of Bible •
또한 모든 것을 해로 여김은 내 주 그리스도 예수를 아는 지식이 가장 고상하기 때문이라 내가 그를 위하여 모든 것을 잃어버리고 배설물로 여김은 그리스도를 얻고 (빌 3:8)

나사렛 예수 그리스도의 이름으로 사랑하는 ○○(이)에게 선포하며 기도합니다.

○○(이)는 언제나 내려놓을 줄 아는 삶을 살아갈지어다.

친구들과 비교하는 안 좋은 생각이나 습관도 내려놓을 줄 알며, 지나친 고집이나 자존심도 내려놓을 줄 아는 사람이 될지어다.

지나친 경쟁심이나 성취욕도 내려놓을 줄 알며, 좋은 학교, 좋은 학벌에 대한 동경도 내려놓을 줄 아는 사람이 될지어다.

최고가 되고자 하거나, 성공에 사로잡힌 지나친 욕망도 내려놓을 줄 알며, 명성을 떨치려고 명예를 얻고자 하는 욕구도 내려놓을 줄 아는 사람이 될지어다.

더 많이 취하고자 하는 마음도, 더없이 편해지려고 하는 마음도 내려놓을 줄 알며, 자신을 너무 앞세우거나 자랑하려는 마음도 내려놓을 줄 아는 사람이 될지어다.

사랑하는 ○○(이)에게 내려놓을 줄 아는 삶이 있으므로 십자가에서 모든 것을 내려놓으신 주님의 형상을 닮아갈지어다. 주님 안에서의 진정한 자유와 평안을 누릴 수 있는 사람이 될지어다.

예수님의 이름으로 기도합니다. 아멘

넓은 마음을 가진 사람이 되어라

Power of Bible •
외식하는 자여 먼저 네 눈 속에서 들보를 빼어라 그 후에야 밝히 보고 형제의 눈 속에서 티를 빼리라 (마 7:5)

나사렛 예수 그리스도의 이름으로 사랑하는 ○○(이)에게 선포하며 기도합니다.

○○(이)는 언제나 모든 것을 넓은 마음으로 볼 수 있는 사람이 될지어다.

다른 사람의 잘됨을 보면서, 또한 그가 가진 포부와 계획을 보면서 비뚤어진 시각으로 보거나 깎아내리는 마음을 갖지 말고, 격려해 주고 축하해 줄 수 있는 넓은 마음을 가진 사람이 될지어다.

평소 자신과의 관계가 원만치 않은 사람이나, 자신과 다른 입장에 서 있는 사람일수록, 대립의 각을 세우지 말며, 그 사람을 이해하려고 힘쓰는 넓은 마음을 가진 사람이 될지어다.

한 번 과오를 범했던 사람이라고 하여 더 차가운 시선으로, 더 철저한 편견으로 거부하고 판단하는 마음을 가지지 말며, 너 자신도 동일한 과오를 범할 수 있음을 생각하며 품어줄 수 있는 넓은 마음을 가진 사람이 될지어다.

사랑하는 ○○(이)에게 넓은 마음보다 옹졸한 마음이 앞선다면, 이것은 스스로 용서하지 않음이며, 스스로 사랑하지 않음이며, 스스로 두려워함이며, 스스로 도피하고자 함임을 깨닫는 사람이 될지어다.

언제나 넓은 마음을 가져 주님의 마음을 담아낼 수 있는 믿음의 사람이 되고, 주님의 사람으로 존귀하게 쓰임 받을 수 있는 사람이 될지어다.

예수님의 이름으로 기도합니다. 아멘

이런 사람이 되어라(1)

Power of Bible •
옳다 인정함을 받는 자는 자기를 칭찬하는 자가 아니요 오직 주께서 칭찬하시는 자니라 (고후 10:18)

나사렛 예수 그리스도의 이름으로 사랑하는 ○○(이)에게 선포하며 기도합니다.

○○(이)는 언제나 이런 사람이 될지어다.

정의 앞에서 부정을 보이지 않고, 진실 앞에서 위선을 보이지 않는 사람이 될지어다.

정직 앞에서 불의를 보이지 않고, 거짓 앞에서 양심을 속이지 않는 사람이 될지어다.

성공 앞에서 자만함을 보이지 않고, 실패 앞에서 핑계를 앞세우지 않는 사람이 될지어다.

재능 앞에서 거만함을 보이지 않고, 무능 앞에서 비굴함을 보이지 않는 사람이 될지어다.

기쁨 앞에서 오만함을 보이지 않고, 슬픔 앞에서 좌절을 보이지 않는 사람이 될지어다.

열매 앞에서 교만을 보이지 않고, 감사 앞에서 자기 의를 내세우지 않는 사람이 될지어다.

결과 앞에서 과시나 불만을 드러내지 않고, 영광 앞에서 자랑을 보이지 않는 사람이 될지어다.

사랑하는 ○○(이)는 이런 성품을 지닌 하나님의 자녀로 살아감으로 하나님을 더욱 높여드리고, 뭇사람들의 사랑과 인정을 받는 복 있는 사람이 될지어다.

예수님의 이름으로 기도합니다. 아멘

이런 사람이 되어라(2)

Power of Bible •
나는 비천에 처할 줄도 알고 풍부에 처할 줄도 알아 모든 일 곧 배부름과 배고픔과 풍부와 궁핍에 처할 줄도 아는 일체의 비결을 배웠노라 (빌 4:2)

　나사렛 예수 그리스도의 이름으로 사랑하는 ○○(이)에게 선포하며 기도합니다.
　○○(이)는 언제나 이런 사람이 될지어다.
　의무 앞에서 회피를 보이지 않고, 책임 앞에서 게으름을 보이지 않는 사람이 될지어다.
　고난 앞에서 실족함을 보이지 않고, 희생 앞에서 약함을 보이지 않는 사람이 될지어다.
　유혹 앞에서 비굴함을 보이지 않고, 비방 앞에서 반격을 보이지 않는 사람이 될지어다.
　불의 앞에서 타협을 보이지 않고, 용기 앞에서 망설임을 보이지 않는 사람이 될지어다.
　잘못 앞에서 변명을 앞세우지 않고, 과오 앞에서 위장을 보이지 않는 사람이 될지어다.

위험 앞에서 두려움을 보이지 않고, 절망 앞에서 좌절을 보이지 않는 사람이 될지어다.

배신 앞에서 복수를 보이지 않고, 분노 앞에서 원망을 보이지 않는 사람이 될지어다.

사랑하는 ○○(이)는 이런 하나님의 자녀가 되어서 어지러운 세상을 치유해 나가며, 주님의 평안과 사랑을 심는 사람이 될지어다.

예수님의 이름으로 기도합니다. 아멘

치우치지 않는 사람이 되어라

Power of Bible •

오직 강하고 극히 담대하여 나의 종 모세가 네게 명령한 그 율법을 다 지켜 행하고 우로나 좌로나 치우치지 말라 그리하면 어디를 가든지 형통하리니 (시 91:14)

나사렛 예수 그리스도의 이름으로 사랑하는 ○○(이)에게 선포하며 기도합니다.

○○(이)는 언제나 어느 한쪽으로 치우치지 않는 사람이 될지어다.

인생의 모든 것이 좌와 우의 양면성을 가지고 있다는 것을 기억하여 내가 생각하고 있는 것만이 바른 것이 아님을 깨달으며 살아갈지어다.

어떤 진리를 알아가는 데 있어서도, 누구를 사귀는 데 있어서도, 한쪽으로 치우치는 일이 없을지어다.

이념과 사상도 한쪽으로 치우치지 말며, 신앙생활을 하는 데 있어서도 한쪽으로 치우치는 일이 없을지어다.

오른손이 있으면 왼손이 있듯, 오른손잡이가 있으면 왼손잡이가 있다는 것도 이해할 수 있는 사람이 될지어다. 그리하여 오른손만이 바른 손이 아님을 생각하며 살아가는 사람이 될지어다.

쉽지는 않겠지만, 자신과 다른 사람을 많이 이해하려고 노력하고, 인정하려고 노력할 수 있는 사람이 될지어다. 더 나아가 그들에게서 자신의 부족함도 배울 수 있는 사람이 될지어다.

사랑하는 ○○(이)는 어느 한쪽으로 치우침이 없는 인생의 길을 걸음으로 균형이 잘 잡힌 삶이 될지어다.

그리하여 무엇을 하든지 하나님의 형통을 누리는 사람이 될지어다.

예수님의 이름으로 기도합니다. 아멘

자신을 볼 수 있는 사람이 되어라

Power of Bible •

그러므로 남을 판단하는 사람아, 누구를 막론하고 네가 핑계치 못할 것은 남을 판단하는 것으로 네가 너를 정죄함이니 판단하는 네가 같은 일을 행함이니라 (롬 2:1)

나사렛 예수 그리스도의 이름으로 사랑하는 ○○(이)에게 선포하며 기도합니다.

○○(이)는 언제나 남을 보기 전에 먼저 자신을 볼 줄 아는 사람이 될지어다.

날카로운 시선으로 항상 남의 잘못을 보는 데만 예리한 잣대를 들이대지 말며, 자신에게 있는 잘못을 보기 위하여 예리한 잣대를 들이댈 수 있는 사람이 될지어다.

남의 눈 속의 티끌을 보기보다 자신 속의 들보를 볼 수 있는 사람이 되고, 남의 인격에서 묻어나는 허물을 보기보다 자신의 인격에 자리 잡고 있는 악함을 볼 줄 아는 사람이 될지어다.

남의 범법을 들추어내는 데 합세하지 말며,

그들을 날카롭게 비판하는 일에도 가세하지 말지어다.

자신도 하나님 앞에서 판단 받을 존재라는 것을 기억하여 그들을 향하여 정죄의 돌멩이를 집어 드는 일은 하지 말지어다.

사랑하는 ○○(이)는 늘 자신을 돌아보는 데 익숙해진 사람이 될지어다.

남모르게 숨어서 범죄했던 사실은 없었는지, 불의를 묵인했던 비겁한 모습은 없었는지, 용서하고 이해해주는 사람들 때문에 늘 자신의 잘못에 대해서 관대했던 것은 아니었는지, 자기를 돌아보며 성찰할 수 있는 사람이 될지어다.

그러므로 자신이 어떤 존재인지를 늘 깨달으며, 주님이 보시기에 늘 자신을 새롭게 할 줄 아는 사람이 될지어다.

예수님의 이름으로 기도합니다. 아멘

티 내지 않는 사람이 되어라

Power of Bible •
누구든지 나를 믿는 이 작은 자 중 하나를 실족하게 하면 차라리 연자 맷돌이 그 목에 달려서 깊은 바다에 빠뜨려지는 것이 나으니라 (마 18:6)

나사렛 예수 그리스도의 이름으로 사랑하는 ○○(이)에게 선포하며 기도합니다.

○○(이)는 언제나 티 내지 않는 사람이 되기 위하여 힘쓰는 사람이 될지어다.

좋은 일이 있을지라도 지나칠 정도로 좋은 티를 내지 말며, 안 좋은 일이 있을지라도 지나칠 정도로 안 좋은 티를 내는 사람이 되지 말지어다.

잘되는 일이 있을지라도 지나칠 정도로 잘되는 티를 내지 말며, 안 되는 일이 있을지라도 지나칠 정도로 안 되는 티를 내는 사람이 되지 말지어다.

성공했을지라도 지나칠 정도로 성공의 티를

내지 말며, 실패했을지라도 지나칠 정도로 실패한 티를 내는 사람이 되지 말지어다.

강하게 되었을지라도 지나칠 정도로 강한 티를 내지 말며, 약하게 되었을지라도 지나칠 정도로 약한 티를 내는 사람이 되지 말지어다.

선행을 하고 있을지라도 지나칠 정도로 선행의 티를 내지 말며, 봉사를 하고 있을지라도 지나칠 정도로 봉사의 티를 내는 사람이 되지 말지어다.

그리하여 다른 사람에게 시기와 질투, 나쁜 감정을 불러일으키는 사람이 아니라, 자신보다 그들의 감정과 형편을 먼저 헤아릴 줄 아는 주님의 마음을 가진 사람이 될지어다.

예수님의 이름으로 기도합니다. 아멘

사람답게 잘 사는 사람이 되어라

Power of Bible •
우리 주 예수 그리스도의 은혜를 너희가 알거니와 부요하신 이로서 너희를 위하여 가난하게 되심은 그의 가난함으로 말미암아 너희를 부요하게 하심이라 (고후 8:9)

나사렛 예수 그리스도의 이름으로 사랑하는 ○○(이)에게 선포하며 기도합니다.

○○(이)는 언제나 사람답게 잘 사는 사람이 될지어다.

출세하려고 하는 것이 단지 자신의 야망만을 이루기 위한 것이 아니라, 다른 사람도 잘되도록 하기 위하여 출세할 수 있는 사람이 될지어다.

명예와 권세를 갖고자 하는 것도 단지 자신의 힘을 과시하고자 함이 아니라, 다른 사람과도 그 힘을 나누어 갖기 위하여 명예와 권세를 좇는 사람이 될지어다.

부자가 되고자 하는 것도 단지 자신의 배만

불리기 위함이 아니라, 남의 배고픔의 고통을 함께 나누기 위하여 부자 되려는 사람이 될지어다.

자신의 하는 모든 것들이 남을 이롭게 하는 것이 되게 하며, 남을 살리는 것이 되게 하고, 남을 잘 살게 하는 것이 되게 할지어다.

이것이 진정으로 주님이 바라시는 복되고 깨끗한 삶임을, 또한 주님의 자녀로서 잘사는 삶임을 잊지 말지어다.

이렇게 산다는 것이 결단코 쉬운 것은 아니지만, 그렇게 어려운 것도 아님을 주님의 삶을 통하여 깨달으며, 말씀과 기도를 통하여 자신감을 얻을지어다.

사랑하는 ○○(이)는 하나님의 자녀로 사람답게 잘 사는 사람이 될지어다.

예수님의 이름으로 기도합니다. 아멘

훈계를 잘 받는 사람이 되어라

Power of Bible •
훈계 받기를 싫어하는 자는 자기의 영혼을 경히 여김이라 견책을 달게 받는 자는 지식을 얻느니라 (잠 15:32)

나사렛 예수 그리스도의 이름으로 사랑하는 ○○(이)에게 선포하며 기도합니다.

○○(이)는 언제나 훈계를 잘 받을 수 있는 사람이 될지어다.

미련하고 어리석은 자는 훈계를 멸시하고 자기방식대로만 살려고 하는 자임을 기억하여 훈계를 잘 받을 수 있는 사람이 될지어다.

훈계하는 사람에게 이유와 변명을 앞세우지 말며, 불만과 원망을 품는 일도 하지 말지어다. 어떤 훈계를 받든지 감사함으로 들으며, 자기의 인생에 양약으로 삼을 수 있는 지혜로운 사람이 될지어다.

가정에서는 부모의 훈계를 잘 받아들이며, 학

교에서는 선생님의 훈계를 잘 받아들일 수 있는 사람이 될지어다.

사회생활에서는 웃어른의 훈계를 잘 받아들이며, 조직생활에서는 윗사람의 훈계를 잘 받아들일 수 있는 사람이 될지어다.

또한 주님의 말씀을 잘 경청하여 언제나 주님이 주시는 교훈과 훈계를 사랑할 수 있는 사람이 될지어다.

사랑하는 ○○(이)는 훈계를 소중히 여기고 잘 받으므로 영광과 축복의 길로 이끄시는 주님의 은혜를 누리는 사람이 될지어다.

예수님의 이름으로 기도합니다. 아멘

책임감이 강한 사람이 되어라

Power of Bible •
우리는 뒤로 물러가 멸망할 자가 아니요 오직 영혼을 구원함에 이르는 믿음을 가진 자니라 (히 10: 39)

나사렛 예수 그리스도의 이름으로 사랑하는 ○○(이)에게 선포하며 기도합니다.

○○(이)는 무슨 일을 하든지, 어떤 일을 맡았든지, 그 일에는 반드시 책임감이 따른다는 것을 기억하여 언제나 성실하게 최선을 다할 수 있는 사람이 될지어다.

키가 자라고 인격이 성숙하면서 책임감의 깊이도 깊어진다는 것을 깨달아, 자기가 한 말과 행동에 대하여 더욱 책임감 있는 모습을 보일 수 있는 사람이 될지어다.

어렵고 힘든 일을 만났을 때 변명하려 하거나 회피하려는 태도를 갖지 말며, 뒷걸음질 치거나 남에게 책임을 전가하는 비겁함도 보이지 말지어다.

책임져야 할 일들은 당당히 책임질 줄 아는 용기를 보여주고, 희생해야만 할 일들은 당당히 희생할 줄 아는 믿음을 보여 줄 수 있는 사람이 될지어다.

도저히 홀로 감당하기가 힘들어질 때 다른 사람의 도움도 받아들일 줄 아는 겸손한 사람이 되고, 지치거나 포기하고 싶을 때 능력의 주님을 바라봄으로 새 힘을 공급받을 수 있는 사람이 될지어다.

주님을 온전히 의지하는 인생은 넘어질지라도 아주 넘어지지 않는다는 것을 기억하여 자기에게 주어진 책임을 힘 있게 감당해 나갈 수 있는 사람이 될지어다.

예수님의 이름으로 기도합니다. 아멘

품을 수 있는 사람이 되어라

Power of Bible •
허물을 덮어 주는 자는 사랑을 구하는 자요 그것을 거듭 말하는 자는 친한 벗을 이간하는 자니라 (잠 17:9)

나사렛 예수 그리스도의 이름으로 사랑하는 ○○(이)에게 선포하며 기도합니다.

○○(이)는 언제나 모든 것을 품을 수 있는 사람이 될지어다.

인간관계를 아름답게 가꾸어가는 비결은 상대방을 이해하고 품어주는 것에 있음을 잊지 말지어다.

사랑하는 ○○(이)는 상대방이 잘못한 것이 보이고 허물이 보인다 할지라도 그것을 지적하거나 들추어내기에 앞서, 사랑하는 마음으로 품어줄 수 있는 아량을 보이는 사람이 될지어다.

자신을 어렵게 하고 힘들게 하는 사람이 있을지라도 그를 미워하거나 증오하지 말며, 용서하는 마음으로 품어줄 수 있는 아량을 보이는 사람이 될지어다.

더 나아가 자신을 향하여 저주까지 하고 독설과 욕설을 퍼붓는 사람이 있을지라도 그를 향하여 분노의 핏발을 세우지 말며, 그 영혼을 불쌍히 여기며 품어줄 수 있는 아량을 보이는 사람이 될지어다.

상대방에 대하여 날을 세우면 결국은 그 날이 자신의 인생을 찌르는 가시가 된다는 것을 기억하여 도저히 품을 수 없는 상황이 밀려올 때, 십자가로 우리의 죄를 품으신 예수님을 바라볼 수 있는 사람이 될지어다.

예수님의 이름으로 기도합니다. 아멘

따뜻한 손을 내미는 사람이 되어라

Power of Bible •
공의와 인자를 따라 구하는 자는 생명과 공의와 영광을 얻느니라 (잠 21:21)

나사렛 예수 그리스도의 이름으로 사랑하는 ○○(이)에게 선포하며 기도합니다.

○○(이)는 언제나 따뜻한 손을 내밀 수 있는 사람이 될지어다.

자기보다 못한 사람에게는 위로의 손길을 내밀며, 자기보다 약한 사람에게는 잡아줌의 손길을 내밀어 줄 수 있는 사람이 될지어다.

어렵고 힘들어 하는 사람에게는 용기의 손길을 내밀며, 슬픔과 괴로움 속에서 고통하는 사람에게는 위로의 손길을 내밀어 줄 수 있는 사람이 될지어다.

걱정이 많고 근심에 쌓인 사람에게는 평안의 손길을 내밀며, 삶에 지쳐 살아갈 용기를 잃은 사람에게는 희망의 손길을 내밀어 줄 수 있는 사람이 될지어다.

병들고 아픈 사람에게는 치유의 손길을 내밀며, 절망 속에서 산 소망까지 끊어진 사람에게는 기적의 손길을 내밀어 줄 수 있는 사람이 될지어다.

잘난 체하며 거만을 떠는 사람에게는 겸손의 손길을 내밀며, 분노의 감정을 다스리지 못해 억울해하는 사람에게는 평화의 손길을 내밀어 줄 수 있는 사람이 될지어다.

선을 행하는 사람에게는 위로의 손길을, 성공한 사람에게는 칭찬의 손길을, 주님을 모르는 사람에게는 구원의 손길을 내밀어 줄 수 있는 사람이 될지어다.

예수님의 이름으로 기도합니다. 아멘

배려심이 있는 사람이 되어라

Power of Bible •
누구든지 자기를 높이는 자는 낮아지고 누구든지 자기를 낮추는 자는 높아지리라 (마 23:12)

나사렛 예수 그리스도의 이름으로 사랑하는 ○○(이)에게 선포하며 기도합니다.

○○(이)는 언제나 아름다운 배려심이 있는 사람이 될지어다.

다른 사람의 하찮은 질문에도 진실한 관심을 보여주며, 불필요한 대화에도 정감 있는 말로 응해줄 수 있는 아름다운 배려심이 있는 사람이 될지어다.

다른 사람의 큰 실수에도 넉넉한 관용을 보여주며, 큰 허물도 감싸주고 덮어줄 수 있는 아름다운 배려심이 있는 사람이 될지어다.

다른 사람의 사소한 말에도 진지함으로 귀를 기울이며, 강경한 행동에도 대립하지 않고 존중해 줄 수 있는 아름다운 배려심이 있는 사람이 될지어다.

다른 사람의 거친 행동에도 온유함으로 설득하며, 무시하는 태도에도 푸근함으로 받아줄 수 있는 아름다운 배려심이 있는 사람이 될지어다.

다른 사람이 안고 있는 아픔에도 따뜻한 위로를 아끼지 않으며, 용기와 자신감으로 희망을 심어줄 수 있는 아름다운 배려심이 있는 사람이 될지어다.

이런 아름다운 배려로 주님의 사랑을 나타내는 ○○(이)가 될지어다.

예수님의 이름으로 기도합니다. 아멘

분별의 지혜를 가진 사람이 되어라

Power of Bible •
너희로 지극히 선한 것을 분별하며 또 진실하여 허물 없이 그리스도의 날까지 이르고 (빌 1:10)

나사렛 예수 그리스도의 이름으로 사랑하는 ○○(이)에게 선포하며 기도합니다.

○○(이)는 언제나 분별력을 가진 사람이 될지어다.

옳은 것과 잘못된 것을 분별할 줄 알며, 해야 할 것과 하지 말아야 할 것을 분별할 줄 아는 사람이 될지어다.

가야 할 곳과 가지 말아야 할 곳을 분별할 줄 알며, 있어야 할 곳과 있지 말아야 할 곳을 분별할 줄 아는 사람이 될지어다.

가져야 할 것과 갖지 말아야 할 것을 분별할 줄 알며, 써야 할 것과 쓰지 말아야 할 것을 분별할 줄 아는 사람이 될지어다.

피해야 할 것과 피하지 말아야 할 것을 분별할 줄 알며, 선택해야 할 것과 선택하지 말아야 할 것을 분별할 줄 아는 사람이 될지어다.

흉내 낼 것과 흉내 내지 말아야 할 것을 분별할 줄 알며, 본받아야 할 것과 본받지 말아야 할 것을 분별할 줄 아는 사람이 될지어다.

양보해야 할 것과 양보하지 말아야 할 것을 분별할 줄 알며, 주장해야 할 것과 주장하지 말아야 할 것을 분별할 줄 아는 사람이 될지어다.

사랑하는 우리 ○○(이)가 이런 지혜로 주님께 영광 돌리며 천국을 이롭게 하는 하나님의 자녀로 살아갈지어다.

예수님의 이름으로 기도합니다. 아멘

남을 생각하는 사람이 되어라

Power of Bible •

또 이르시되 너희가 무엇을 듣든가 스스로 삼가라 너희의 헤아리는 그 헤아림으로 너희가 헤아림을 받을 것이요 더 받으리니 (막 4:24)

　나사렛 예수 그리스도의 이름으로 사랑하는 ○○(이)에게 선포하며 기도합니다.
　○○(이)는 언제나 남을 생각할 줄 아는 사람이 될지어다.
　육체와 정신이 건강함으로, 남을 위하여 자신을 비울 줄 아는 사람으로 살아갈지어다.
　소유에 집착하는 것이 아닌, 베푸는 것에 익숙해질 수 있는 사람으로 살아갈지어다.
　남에게 군림하려는 태도보다는, 남을 세워주고 높여줄 줄 아는 사람으로 살아갈지어다.
　강한 자에게는 비굴함을 보이지 않으며, 약한 자에게는 한없는 너그러움을 보일 수 있는 사람으로 살아갈지어다.

고집을 피울 줄 알되 지나침이 없으며, 다른 사람의 의견도 존중할 줄 아는 사람으로 살아갈지어다.

자신의 말로 남을 설득하기보다, 다른 사람의 말을 경청할 줄 아는 사람으로 살아갈지어다.

생각 없는 말로 상처를 심는 사람이 아닌, 위로의 말로 상처를 싸매줄 수 있는 사람으로 살아갈지어다.

언제나 말보다 행동이 앞서지 말며, 말한 것에 대해서는 책임을 질 줄 아는 사람으로 살아갈지어다.

자신의 지식과 경험을 너무 과신하기보다, 지혜의 근본이신 하나님을 의뢰할 수 있는 사람으로 살아갈지어다.

예수님의 이름으로 기도합니다. 아멘

꾐에 빠지지 않는 사람이 되어라

Power of Bible •
하나님을 따라 의와 진리의 거룩함으로 지으심을 받은 새사람을 입으라 (엡 4:24)

나사렛 예수 그리스도의 이름으로 사랑하는 ○○(이)에게 선포하며 기도합니다.

○○이는 언제나 꾐에 빠지지 않는 사람이 될지어다.

혼탁한 세상에서 옳고 그릇됨을 잘 분별할 수 있는 지혜를 가지며, 달콤한 유혹에 눈길조차 주지 않는 곧은 마음이 있는 사람이 될지어다.

온갖 미혹 앞에서도 이성을 잃지 않으며, 끈질긴 회유와 설득에도 요동치 않는 굳은 의지가 있는 사람이 될지어다.

공감과 협박 앞에서도 결코 흔들리지 않으며, 날마다 괴롭힘을 당할지라도 결단코 발을 담그지 않는 사람이 될지어다.

위협 앞에서도 약해지는 마음을 갖지 않으며, 폭력 앞에서도 절대로 굽히지 않는 용기를 가진 사람이 될지어다.

혹 유혹당하는 친구를 보고도 모른 척 지나치는 것이 아니라, 잘 설득하여 옳은 데로 인도할 수 있는 의리가 있는 사람이 될지어다.

위험에 처한 친구를 보면 건져내고자하는 담대함을 보이며, 어려운 친구를 보면 도와줄 수 있는 사랑을 가진 사람이 될지어다.

또한 사랑하는 ○○(이)가 만나고 사귀는 친구마다 제일 좋은 친구이신 예수님을 소개할 줄 알며, 진리의 빛이신 주님께 인도할 수 있는 사람이 될지어다.

예수님의 이름으로 기도합니다. 아멘

제 3 부
성숙한 신앙을 세워주는
자녀축복 선포기도문

너의 하나님 여호와가 너의 가운데 계시니
그는 구원을 베푸실 전능자이시라
그가 너로 말미암아 기쁨을 이기지 못하시며
너를 잠잠히 사랑하시며
너로 말미암아 즐거이 부르며 기뻐하시리라 하리라
(습 3:17)

믿음의 사람으로 성장하여라

Power of Bible •
믿음의 주요 또 온전케 하시는 이인 예수를 바라보자 저는 그 앞에 있는 즐거움을 위하여 십자가를 참으사 부끄러움을 개의치 아니하시더니 하나님 보좌 우편에 앉으셨느니라
(히 12:2)

　나사렛 예수 그리스도의 이름으로 사랑하는 ○○(이)에게 선포하며 기도합니다.
　○○(이)는 언제나 하나님이 인정하시는 믿음의 사람으로 성장할지어다.
　세상의 지식보다, 주님의 말씀을 주야로 묵상할 줄 아는 사람으로 성장하며, 세상의 노래보다, 주님을 높이는 찬송을 힘 있게 부를 줄 아는 사람으로 성장할지어다.
　세상의 경험을 신뢰하며 앞세우기보다 전적으로 하나님만 신뢰할 줄 아는 사람으로 성장하며, 모든 영광을 주님께 돌릴 줄 아는 사람으로 성장할지어다.
　○○(이)가 가까이 하는 것이 주님의 말씀이

요, 주님의 몸인 교회이며, 주님께 예배하는 것을 최고의 가치로 여길 줄 아는 사람으로 성장할지어다.

부모를 존경하되 하나님처럼 존경할 수 있는 사람이 되며, 부모의 말씀을 하나님 말씀처럼 여길 줄 아는 사람으로 성장하게 할지어다.

언제나 주님이 보시기에 사랑스러운 사람이 되며, 주님이 두고 보시며, 또 보시기에도 전혀 아깝지 않은 사람으로 성장할지어다.

예수님의 이름으로 기도합니다. 아멘

견고한 신앙을 가진 사람이 되어라

Power of Bible •

그러므로 내 사랑하는 형제들아 견실하며 흔들리지 말고 항상 주의 일에 더욱 힘쓰는 자들이 되라 이는 너희 수고가 주 안에서 헛되지 않은 줄 앎이라 (고전 15:58)

나사렛 예수 그리스도의 이름으로 사랑하는 ○○(이)에게 선포하며 기도합니다.

○○(이)는 언제나 견고한 신앙을 가진 사람이 될지어다.

하나님이 싫어하시는 죄를 멀리할 줄 알며, 부지중에라도 죄를 지으면 즉시 주님 앞에 회개할 수 있는 사람이 될지어다.

복의 근원이신 하나님께 항상 복을 구할 줄 알며, 받은 복을 함께 나눌 수 있는 사람이 될지어다.

자신의 뜻보다 주님의 뜻 행하기를 즐거워할 줄 알며, 자신을 자랑하기보다 언제나 주님을 자랑할 수 있는 사람이 될지어다.

생활 속에서 언제나 도우시는 구원의 하나님을 만나며, 언제나 함께하시는 능력의 하나님을 경험하는 사람이 될지어다.

변함없이 성전에 거하기를 기뻐하며, 주님을 인하여 기뻐하고 즐거워할 수 있는 사람이 될지어다.

주님께 하듯 이웃을 섬기는 사람이 되며, 자신을 귀히 여기듯 남도 귀하게 여길 줄 아는 사람이 될지어다.

자신의 약함을 보며 언제나 성령 충만을 사모하고, 성령의 아홉 가지 열매를 맺을 수 있는 사람이 될지어다.

예수님의 이름으로 기도합니다. 아멘

은혜를 고백하는 삶이 되어라

Power of Bible •
여러 가지 다른 교훈에 끌리지 말라 마음은 은혜로써 굳게 함이 아름답고… (히 13:9)

나사렛 예수 그리스도의 이름으로 사랑하는 ○○(이)에게 선포하며 기도합니다.

○○(이)는 언제나 변함없이 주님의 은혜를 고백하는 삶이 될지어다.

바라고 소원하는 것을 이루었을 때나 또는 이루지 못한 아픔이 있을 때에도 언제나 변함없이 주님의 은혜를 고백할 줄 알며, 주님을 높이는 삶이 될지어다.

육체가 건강할 때나 또는 원치 않는 질병이 찾아왔을 때에도 언제나 변함없이 주님의 은혜를 고백할 줄 알며, 주님만을 앙망하는 삶이 될지어다.

물질적인 여유가 주어졌을 때나 또는 물질적

인 어려움을 당할 때에도 언제나 변함없이 주님의 은혜를 고백할 줄 알며, 주님 한분만으로 만족할 수 있는 삶이 될지어다.

감격스럽고 기쁜 일들이 끊이지 않을 때나, 또는 걱정과 슬픔의 눈물이 마르지 않을 때에도 변함없이 주님의 은혜를 고백할 줄 알며, 주님만을 찬송할 수 있는 삶이 될지어다.

사랑하는 ○○(이)는 자신의 인생에 그 어떤 환경이 주어지든지 변함없이 주님의 은혜를 고백하며, 한결같이 주님의 은혜 안에 살고 있음을 나타내는 삶이 될지어다.

예수님의 이름으로 기도합니다. 아멘

믿음의 진검승부를 벌이는 사람이 되어라

Power of Bible •
믿음은 바라는 것들의 실상이요 보이지 않는 것들의 증거니 선진들이 이로써 증거를 얻었느니라 (히 11:1,2)

나사렛 예수 그리스도의 이름으로 사랑하는 ○○(이)에게 선포하며 기도합니다.

○○(이)는 언제나 자신 앞에 다가오는 모든 문제를 믿음으로 풀어가는 사람이 될지어다.

결코 만만치 않은 세상을 뚫고 나갈 수 있는 힘이 믿음에 있음을 깨달아, 어떤 일을 만나든지 믿음의 진검승부를 벌일 수 있는 사람이 될지어다.

사람을 의지하거나 배경을 의지하는 것은 가장 어리석은 행동임을 기억하여, 조금 답답해 보이고 더디게 보일지라도 오직 주님만을 굳게 의지하는 믿음의 사람이 될지어다(시146:3).

오직 주님을 굳게 의지하는 자, 세상을 이겨

갈 수 있는 힘을 위로부터 공급받게 될 것임을 확신할지어다.

어둠과 괴로움을 물리칠 수 있는 권세를 받게 될 것임을 확신할지어다.

한숨과 고통을 한순간에 쓸어버릴 수 있는 능력을 공급받게 될 것임을 확신할지어다.

막히고 닫힌 것들이 한순간에 열려지는 역사가 있을 것임을 확신할지어다.

사랑하는 ○○(이)는 어떤 상황 속에서도 주님을 의지함으로 믿음의 진검승부를 벌일 수 있는 사람이 될지어다.

눈물의 강이 앞을 가로막는다 할지라도 기쁨으로 단을 거두게 하실 성실하신 주님을 바라보며 믿음으로 힘 있게 달려갈 수 있는 사람이 될지어다(시편126편).

예수님의 이름으로 기도합니다. 아멘

담대한 사람이 되어라

Power of Bible •
의를 위하여 박해를 받는 자는 복이 있나니 천국이 그들의 것임이라 (마 5:10)

나사렛 예수 그리스도의 이름으로 사랑하는 ○○ (이)에게 선포하며 기도합니다.

○○ (이)는 언제나 주님을 의지함으로 담대한 사람이 될지어다.

"무릇 주님 안에서 경건하게 살고자 하는 자는 핍박을 받게 된다(딤후 3:12)"고 말씀하였으니 불이익을 당하거나 핍박을 받는 것을 두려워하지 않는 사람이 될지어다.

어떤 이유로든 한 번 타협의 틈을 보이기 시작하면 그 틈으로 사단이 비집고 들어와서 믿음이 일순간에 무너질 수도 있다는 것을 기억하여 틈을 보이지 않는 담대한 사람이 될지어다.

시편기자처럼 불이익을 주는 자나 핍박하는

자를 위하여 엎드려 기도할지어다.

그들도 죄 사함 받고 구원받아야 할 불쌍한 영혼임을 잊지 말지어다.

주님을 의지함으로 낙심치 아니하고 담대하게 나아가는 ○○ (이)에게, 핍박이 변하여 칭찬과 존경을 받게 되는 축복의 역사가 있을지어다.

고통이 변하여 즐거움이 되는 축복의 역사가 있을지어다.

○○ (이)는 늘 새 힘을 불어넣어 주시고, 새 능력을 공급하여 주시는 주님을 강하게 경험하는 삶을 살지어다.

예수님의 이름으로 기도합니다. 아멘

시험과 환난을 인내하여라

Power of Bible •
시험을 참는 자는 복이 있나니 이는 시련을 견디어 낸 자가 주께서 자기를 사랑하는 자들에게 약속하신 생명의 면류관을 얻을 것이기 때문이라 (약 1:12)

나사렛 예수 그리스도의 이름으로 사랑하는 ○○(이)에게 선포하며 기도합니다.

○○(이)는 시험과 환난이 찾아왔을 때, 언제나 주님을 의지함으로 인내할 수 있는 사람이 될지어다.

시험과 환난 앞에서 겁내거나 피하지 않고, 주눅 들거나 두려워 떨지 않는 사람이 될지어다.

불같은 시험이라 할지라도 주님이 허락하신 시험이라면 참고 견디는 불 같은 믿음을 가진 사람이 될지어다.

폭풍과도 같은 환난이라 할지라도 주님이 허락하신 환난이라면 능히 맞서 싸울 수 있는 용기를 가진 사람이 될지어다.

  사랑하는 ○○(이)는 오직 주님의 뜻대로 이루어지기를 간절히 소망하며, 욥과 같이 끝까지 인내하며 잘 견딜 수 있는 믿음의 사람이 될지어다.

  사랑하는 ○○(이)는 시험과 환난을 통하여 주님께 단련을 받은 후에 순금 같은 신앙과 믿음으로 나아가는 사람이 될지어다.

  더욱 성숙된 믿음으로 주님을 기쁘시게 할 수 있는 축복의 사람이 될지어다.

  예수님의 이름으로 기도합니다. 아멘

용서의 사람이 되어라

Power of Bible

너희가 사람의 잘못을 용서하면 너희 하늘 아버지께서도 너희 잘못을 용서하시려니와 너희가 사람의 잘못을 용서하지 아니하면 너희 아버지께서도 너희 잘못을 용서하지 아니하시리라 (마 6:14,15)

나사렛 예수 그리스도의 이름으로 사랑하는 ○○ (이)에게 선포하며 기도합니다.

○○ (이)는 언제나 용서할 수 있는 사람이 될지어다.

자신에게 상처와 아픔을 준 사람이 있다면 그를 용서할 수 있는 힘을 가진 사람이 될지어다.

힘들지라도 그렇게 하는 것이 십자가로 용서의 극치를 보여주신 예수님을 닮아가는 길임을 잊지 말지어다.

원수 갚는 것이나 심판하는 것은 주님이 하시는 것임을 기억하고, 다만 그 영혼을 긍휼히 여길 수 있는 마음을 갖는 사람이 될지어다.

언제나 자기 자신도 누군가에게 용서받을 존

재임을 기억하면서 살고, 도무지 삭혀지지 않는 아픔과 충격이 있을지라도 그 사람을 용서해야 마음의 자유를 누릴 수 있음을 잊지 말지어다.

또한 그 사람을 용서하지 않으면 주님도 우리 잘못을 용서하지 않으심을 잊지 말지어다.

주님이 기뻐하시지 않는 사단의 힘에 조종당하지 않도록 늘 깨어 기도하고, 우리 주님도 매 순간마다 하늘보좌 우편에서 ○○(이)의 연약함을 위하여 중보의 기도를 쉬지 않고 계심을 잊지 말지어다.

예수님의 이름으로 기도합니다. 아멘

성결의 삶이 되어라

Power of Bible •
하나님을 가까이 하라 그리하면 너희를 가까이 하시리라 죄인들아 손을 깨끗이 하라 두 마음을 품은 자들아 마음을 성결하게 하라 (약 4:8)

나사렛 예수 그리스도의 이름으로 사랑하는 ○○(이)에게 선포하며 기도합니다.

○○(이)는 언제나 성결한 사람이 될지어다.

인간은 하나님의 형상대로 지음을 받은 존재이기 때문에 그분의 성결함을 닮아가야 하는 존재임을 잊지 말지어다.

주변에 온갖 것들이 말초신경을 자극하고 부도덕함을 보인다 할지라도 그것에 동화되거나 미혹되지 않는 사람이 될지어다.

무릇 지킬 만한 것보다 마음을 잘 지키는 것이 하나님의 사랑을 받고 범사가 잘되는 길임을 잊지 않는 사람이 될지어다(잠4:23).

사랑하는 ○○(이)는 성결의 삶을 살아가기

위하여 언제나 하나님을 가까이 할 수 있는 삶이 될지어다.

하나님께 예배하는 생활을 가벼이 여기지 말며, 자신의 죄를 걸러낼 수 있는 기도생활도 가벼이 여기지 말지어다.

주님의 말씀을 주야로 묵상하며, 그 말씀 속에서 항상 주님의 음성을 들을 수 있는 삶이 될지어다.

유혹이 많고, 온갖 더러움이 많은 세상이지만 사랑하는 ○○(이)는 성결한 삶을 살아감으로 하나님의 자녀의 권세를 잃지 않고, 하나님과 동행하며 사는 축복의 삶이 될지어다.

예수님의 이름으로 기도합니다. 아멘

거룩함을 좇는 사람이 되어라

Power of Bible •
너희 육신이 연약하므로 내가 사람의 예대로 말하노니 전에 너희가 너희 지체를 부정과 불법에 내어주어 불법에 이른 것 같이 이제는 너희 지체를 의에게 종으로 내주어 거룩함에 이르라 (롬 6:19)

나사렛 예수 그리스도의 이름으로 사랑하는 ○○(이)에게 선포하며 기도합니다.

○○(이)는 언제나 거룩함을 좇는 삶을 살지어다.

거룩함을 좇아 사는 것은 예수님을 믿는 사람이라면 누구나 반드시 실천해야 할 삶의 방향임을 잊지 말지어다.

거룩함을 좇아 사는 것이 어렵고 힘들지라도, 그것이 주님을 기쁘시게 하는 최상의 삶의 태도임을 잊지 말지어다.

또한 거룩함을 좇아 사는 것이 주님의 자녀로서 승리하는 삶이요, 성공하는 삶임을 잊지 말지어다.

사랑하는 ○○(이)는 어느 곳에서 무엇을 하든지 거룩한 삶으로 나아가는 모습이 될지어다.

주님의 자녀로서 거룩함을 좇을 수 없는 자리라면 주님께 맡기고 그 자리를 피하고, 도무지 함께 나눌 수 없는 대화가 오고가는 자리라면 주님께 맡기고 그 자리를 피할지어다.

사랑하는 ○○(이)는 거룩함을 의식하며, 항상 실천하려고 하는 의지가 자신의 인생에 더없는 기쁨이 되게 하며, 자신이 거룩한 삶의 방향으로 한걸음씩 나아가는 것이 세상의 그 무엇과도 바꿀 수 없는 귀중한 보물이 되게 할지어다.

예수님의 이름으로 기도합니다. 아멘

진실한 고백이 있는 사람이 되어라

Power of Bible •
여호와는 마음이 상한 자를 가까이 하시고 충심으로 통회하는 자를 구원하시는도다 (시 34:18)

나사렛 예수 그리스도의 이름으로 사랑하는 ○○(이)에게 선포하며 기도합니다.

○○(이)는 언제나 자신을 돌아보며 회개할 수 있는, 진실한 고백이 있는 사람이 될지어다.

우리 주님은 상하고 통회하는 심령을 멸시치 아니하시는 주님이시고, 상한 갈대를 꺾지 아니하시고 꺼져가는 심지를 끄지 아니하시는 주님이심을 잊지 말지어다.

사랑하는 ○○(이)는 늘 자신을 돌아보며 진실이 묻어 있는 고백으로 주님 앞에 나아갈 수 있는 사람이 될지어다. 그리하여 긍휼이 풍성하신 주님을 늘 경험하는 삶이 될지어다.

죄를 솔직히 시인하지 않는 심령은 마귀가 가

장 좋아한다는 것을 잊지 말며, 위선으로 가득한 심령 또한 결국 주님으로부터 멀어질 수밖에 없음을 잊지 말지어다.

용서를 받을 줄 아는 자가 남도 용서할 수 있고, 은총을 구할 줄 아는 자가 남에게도 은혜를 베풀 수 있음을 기억할지어다.

사랑하는 ○○(이)는 항상 주님 앞에서 진실이 묻어 있는 고백의 삶이 됨으로, 주님의 사랑의 깊이를 더욱 알아가는 삶으로 인도함을 받을지어다.

예수님의 이름으로 기도합니다. 아멘

핑계치 않는 사람이 되어라

Power of Bible •
너희는 열매 없는 어둠의 일에 참여하지 말고 도리어 책망하라 (엡 5:11)

나사렛 예수 그리스도의 이름으로 사랑하는 ○○(이)에게 선포하며 기도합니다.

○○(이)는 언제나 핑계치 않는 신앙생활을 할지어다.

자신에게 맡겨진 일을 피하려고, 서둘러 핑계를 물색하는 모습을 보이지 말며, 맡겨진 일을 잘 감당하기 위하여 은혜를 구하고 지혜를 구할 수 있는 믿음의 사람이 될지어다.

남들이 어떤 신앙의 태도를 보이건 그것에 좌우되지 말며, 진실하신 주님을 바라보며 맡겨진 일을 잘 감당할 수 있는 믿음의 사람이 될지어다.

말을 앞세우거나 순간 재치를 앞세우는 모습

을 보이지 말며, 책임 있는 진실한 행동을 앞세울 수 있는 믿음의 사람이 될지어다.

  언제나 주님 앞에서 거짓이 없는 정직한 열매 맺기를 기뻐하는 믿음의 사람이 되어 훗날 주님께서 오셔서 열매를 내놓으라 하실 때 부끄럽지 않은 열매를 보일 수 있는 사람이 될지어다.

  이 땅에서 사는 동안 주님께 더욱 충성할 수 있는 믿음의 사람이 됨으로 만민보다 뛰어난 주님의 복을 받는 사람이 될지어다.

  예수님의 이름으로 기도합니다. 아멘

기쁨으로 할 수 있는 사람이 되어라

Power of Bible •

그 주인이 이르되 잘하였도다 착하고 충성된 종아 네가 적은 일에 충성하였으매 내가 많은 것을 네게 맡기리니 네 주인의 즐거움에 참여할지어다 (마 25:23)

나사렛 예수 그리스도의 이름으로 사랑하는 ○○(이)에게 선포하며 기도합니다.

○○(이)는 언제나 주님을 위하여 충성하는 일에 이것저것 가리지 않는 사람이 될지어다.

아무리 궂은일이라도 주님을 위한 일이라면 피하는 모습을 보이지 말며, 아무리 고달픈 일이라 할지라도 주님을 위한 일이라면 기쁨으로 할 수 있는 믿음의 사람이 될지어다.

아무리 역겨운 일이라 할지라도 주님을 위한 일이라면 핑계치 않는 모습을 보이며, 누구도 인정해 주지 않는 일일지라도 주님을 위한 일이라면 성실을 심을 수 있는 믿음의 사람이 될지어다.

겉으로 드러나지 않는 일일지라도 주님을 위한 일이라면 기꺼이 마음을 쏟을 줄 알며, 손해를 보는 일일지라도 주님의 사랑을 나타내는 것이라면 즐거운 마음으로 할 수 있는 믿음의 사람이 될지어다.

사랑하는 ○○(이)는 이렇게 주님을 위하여 충성함으로 주님의 큰 칭찬을 듣는 믿음의 사람이 될지어다.

예수님의 이름으로 기도합니다. 아멘

성장하는 믿음이 되어라

Power of Bible •
마치 사람이 자기 채소밭에 갖다 심은 겨자씨 한 알 같으니
자라 나무가 되어 공중의 새들이 그 가지에 깃들였느니라
(눅 13:19)

나사렛 예수 그리스도의 이름으로 사랑하는 ○○(이)에게 선포하며 기도합니다.

○○(이)는 언제나 성장하는 믿음의 사람이 될지어다.

언제나 갓난아이와 같이, 누군가의 보살핌이 있어야 겨우 유지되는 믿음의 사람이 되지 말지어다.

스스로 일어서기도 하고 뛰기도 하는 믿음이 되며, 주님을 위하여 아름답게 쓰임 받을 수 있는 믿음의 사람이 될지어다.

사랑하는 ○○(이)는 항상 예배가 기다려지는 믿음이 되며, 교회를 위한 봉사도 부요케 되는 믿음의 사람이 될지어다.

세상 앞에서 너무 쉽게 무너지는 믿음이 아니라, 세상과 한판 승부를 벌여도 조금도 꺾이지 않는 믿음이 되며, 온갖 유혹 앞에서도 결코 흔들림이 없는 믿음의 사람이 될지어다.

　믿음의 부요함으로 다른 사람의 연약한 믿음도 세워주고, 다른 사람의 아픔도 싸매어줄 수 있는 믿음의 사람이 될지어다.

　사랑하는 ○○(이)는 체험이 있는 믿음으로 주님을 기쁘시게 할 수 있는 믿음의 사람이 될지어다.

　예수님의 이름으로 기도합니다. 아멘

주의 일에 열심을 다하는 사람이 되어라

Power of Bible •
부지런하여 게으르지 말고 열심을 품고 주를 섬기라
(롬 12:11)

나사렛 예수 그리스도의 이름으로 사랑하는 ○○(이)에게 선포하며 기도합니다.

○○(이)는 언제나 주의 일에 열심을 다하는 신앙의 사람이 될지어다.

항상 자신의 일에는 관대하고 주님의 일에는 옹색한 변명만 늘어놓는 사람이 되지 말지어다.

봉사의 자리를 고의적으로 피하기 위하여 일부러 바쁜 척하는 위선의 행동을 보이지 말며, 주님의 일을 은근히 무시하고 천대하는 악한 사람이 되지 말지어다.

항상 말만 앞세우고 행동은 뒷전인 얄미운 모습을 보이지 말며, 눈치만 살피고 물질과 자신을 깨뜨릴 줄 모르는 궁색한 사람이 되지 말지어다.

조금은 미련하게, 조금은 바보처럼 보인다 할지라도 주님을 위한 충성의 자리에는 항상 선두에 설 줄 아는 열심을 보여주고, 주님을 위한 충성을 인생 최고의 기쁨으로 여길 줄 아는 신앙의 사람이 될지어다.

사랑하는 ○○(이)는 누구나 본받고 싶고, 누구나 함께하고 싶은 신앙의 사람이 되고, 무엇보다도 주님의 마음을 시원케 해드리는 아름다운 주님의 사람이 될지어다.

예수님의 이름으로 기도합니다. 아멘

순종의 사람이 되어라

Power of Bible •
그가 아들이시면서도 받으신 고난으로 순종함을 배워서 온전하게 되셨은즉 자기에게 순종하는 모든 자에게 영원한 구원의 근원이 되시고 (롬 12:11)

나사렛 예수 그리스도의 이름으로 사랑하는 ○○(이)에게 선포하며 기도합니다.

○○(이)는 언제나 순종하는 신앙의 사람이 될지어다.

순종이 제사보다 낫고 듣는 것이 수양의 기름보다 낫다고 하신 주님의 말씀을 잊지 말지어다 (삼상15:22). 말씀을 많이 아는 것이 믿음이 아니라, 한 말씀이라도 순종하는 것이 믿음임을 기억할지어다.

믿음의 선진들이 말씀에 순종함으로 하나님을 기쁘시게 하고 세상이 감당치 못하는 걸출한 믿음의 사람으로 쓰임 받았듯이, ○○(이)도 그와 같은 순종의 사람이 될지어다.

주님께 순종을 드리는 삶을 살되 억지로나 마지못해 하는 순종이 되지 말며, 기쁨과 즐거움으로 할 수 있는 순종이 될지어다.

더욱 순종하기 위하여 주님의 몸 된 교회를 가까이 하고, 주님과의 교제인 기도를 놓치지 않으며, 주님의 말씀을 더욱 사모하는 삶이 될지어다.

생활이 어렵고 힘들어질지라도, 혹은 원치 않는 시련이 닥친다 할지라도 순종의 자리만큼은 피하지 말며, 더욱 굳센 믿음으로 순종의 욕구를 충족시켜 나갈 수 있는 사람이 될지어다.

예수님이 보여주시고, 많은 믿음의 사람들이 보여준 순종의 삶이기에, 주님께 순종하는 그 자체로 만족함을 얻고 찬송할 수 있는 사람이 될지어다.

예수님의 이름으로 기도합니다. 아멘

헌신의 사람이 되어라

Power of Bible •
내가 진실로 너희에게 이르노니 온 천하에 어디서든지 복음이 전파되는 곳에는 이 여자가 행한 일도 말하여 그를 기억하리라 하시니라 (막 14:9)

나사렛 예수 그리스도의 이름으로 사랑하는 ○○(이)에게 선포하며 기도합니다.

○○(이)는 언제나 주님을 본받아 헌신하는 사람이 될지어다.

자기중심적인 신앙을 떨쳐버리고, 주님의 마음을 살피고 헤아릴 수 있는 신앙의 사람이 되고, 주님을 위하여 자신의 모든 것을 깨뜨릴 수 있는 헌신의 사람이 될지어다.

자신의 필요가 채워진 것으로 인하여 기뻐하고 즐거워하기보다, 무엇이든 주님이 필요로 하신 것에 사용되어짐을 기뻐할 수 있는 헌신의 사람이 될지어다.

주님을 위한 일이라면 가리거나 재는 것 없이

충성할 수 있는 신앙의 사람이 되고, 핑계를 앞세워 봉사의 자리를 외면하는 부끄러운 모습을 보이지 않는 사람이 될지어다.

주님이 품으셨던 그 간절한 마음으로 영혼을 사랑할 수 있는 사람이 되며, 다른 사람을 성실하게 섬기며, 늘 기도로 자신의 신앙을 점검해 나갈 수 있는 겸손한 사람이 될지어다.

사랑하는 ○○(이)가 언제나 주님이 기뻐하시는 거룩한 산제사로 자신을 드리기에 힘쓰는 사람이 될지어다.

예수님의 이름으로 기도합니다. 아멘

기도의 사람이 되어라

Power of Bible •
하나님께 가까이 함이 내게 복이라 내가 주 여호와를 나의 피난처로 삼아 주의 모든 행적을 전파하리이다 (시 73:28)

나사렛 예수 그리스도의 이름으로 사랑하는 ○○(이)에게 선포하며 기도합니다.

○○(이)는 언제나 하나님을 의뢰하는 기도의 사람이 될지어다.

잠자리에서 일어날 때에도 하나님께 가장 먼저 감사의 기도를 드리고, 잠자리에 들 때에도 가장 나중에 감사의 기도를 드리는 기도의 사람이 될지어다.

어떤 일을 하든지 가장 먼저 하나님의 인도하심을 구하는 기도의 무릎을 보이며, 어떤 결과가 주어지든지 가장 먼저 하나님께 영광 돌리는 기도의 사람이 될지어다.

사랑하는 우리 ○○(이)가 항상 하나님을 의

뢰하는 기도를 통하여 삶 속에서 하나님을 경험하는 사람이 되고, 날마다 하나님의 깊으신 사랑과 지혜와 능력을 체험하는 사는 사람이 될지어다.

사랑하는 ○○(이)가 일생을 살아가는 동안 기도의 성소만큼은 절대로 잃어버리지 말고 살며 늘 기도의 향기로 하늘 보좌를 진동시키는 기도의 사람이 될지어다.

기도가 있기에 늘 평안을 느끼고, 기도가 있기에 늘 안식을 누리며, 기도가 있기에 늘 영육이 부요해지는 사람이 될지어다.

예수님의 이름으로 기도합니다. 아멘

성령 충만한 사람이 되어라

Power of Bible •
술 취하지 말라 이는 방탕한 것이니 오직 성령의 충만을 받으라 (엡 5:18)

나사렛 예수 그리스도의 이름으로 사랑하는 ○○(이)에게 선포하며 기도합니다.

○○(이)는 이 땅을 살아가는 동안 언제나 성령 충만한 사람으로 살아갈지어다.

성령 충만함으로 ○○(이)의 심령이 새롭게 변화되어 날마다 하나님을 경험하는 사람이 될지어다.

성령 충만함으로 사단 마귀에게 미혹당하지 아니하며, 사단 마귀에게 틈을 보이지 않는 사람이 될지어다. 언제나 사단 마귀를 물리치는 권능의 사람이 될지어다.

사랑하는 ○○(이)가 성령 충만함으로 주님의 뜻을 온전히 분별하는 사람이 될지어다. 그리하여 주님이 부르시는 날까지 오직 주님의 뜻만을 좇아가며, 주님의 영광만을 드러내는 삶을 살아갈지어다.

주님의 몸 된 교회도 늘 성령 충만한 가운데서 섬길 수 있는 사람이 될지어다. 봉사와 섬김을 기쁨으로 감당하며, 충성과 희생을 즐거움으로 감당할 수 있는 사람이 될지어다.

사회생활도 성령 충만함으로 강하고 담대하게 하며, 주님의 아름다운 덕을 선전할 수 있는 삶을 살아갈지어다.

항상 성령 충만을 위하여 주님을 가까이 하고, 기도와 말씀을 통하여 주님과의 깊은 교제를 이루는 삶이 될지어다.

예수님의 이름으로 기도합니다. 아멘

주님을 잘 섬기는 사람이 되어라

Power of Bible •
우리 주 예수 그리스도를 변함없이 사랑하는 모든 자에게 은혜가 있을지어다 (엡 6:24)

나사렛 예수 그리스도의 이름으로 사랑하는 ○○(이)에게 선포하며 기도합니다.

○○(이)는 언제나 주님을 잘 섬길 수 있는 사람이 될지어다.

인생에 뜻하지 않은 어려움이 닥쳐와도 주님을 잘 섬기는 마음은 변하지 말며, 좌우로 치우치지 아니하고 주님을 잘 섬길 수 있는 믿음의 사람이 될지어다.

어려우면 어려울수록, 힘들면 힘들수록 주님을 향한 더 크고 확실한 믿음을 보여줄 수 있는 신앙의 사람이 될지어다.

혹 자신이 하고 있는 일 때문에 시간적인 여유가 없을지라도 주님을 섬기는 자리만큼은 남에게 양보하지 말며, 주님을 섬기는 삶이 인생 최고의 목적임을 잊지 않는 신앙의 사람이 될지어다.

주어진 환경이 어떠하든지 그것을 초월하여 항상 주님께 기쁨이 되고, 사랑의 주님을 더욱 사랑하며, 주님과 동행하기를 즐거워하는 신앙의 사람이 될지어다.

주님을 더 잘 섬기기를 원하는 자의 앞길을 우리 주님이 붙드시고, 그 길을 형통케 하시고, 반석 위에 든든히 세우실 것을 믿습니다.

사랑하는 ○○(이)는 주님을 잘 섬길 수 있는 신앙의 사람이 될지어다.

예수님의 이름으로 기도합니다. 아멘

주님께 기쁨이 되어라

Power of Bible •
너의 하나님 여호와가 너의 가운데 계시니 그는 구원을 베푸실 전능자이시라 그가 너로 말미암아 기쁨을 이기지 못하시며 너를 잠잠히 사랑하시며 너로 말미암아 즐거이 부르며 기뻐하시리라 하리라 (습 3:17)

나사렛 예수 그리스도의 이름으로 사랑하는 ○○(이)에게 선포하며 기도합니다.

○○(이)는 언제나 주님께 기쁨이 될지어다.

예배를 사랑하는 ○○(이)의 마음이 주님께 기쁨이 되며, 입술에 담겨진 ○○(이)의 찬양이 주님께 기쁨이 될지어다.

마음을 담아 드리는 ○○(이)의 헌금이 주님께 기쁨이 되며, 정성이 깃들여 있는 ○○(이)의 봉사가 주님께 기쁨이 될지어다.

겸손을 앞세운 ○○(이)의 순종이 주님께 기쁨이 되고, 진실이 묻어나는 ○○(이)의 섬김이 주님께 기쁨이 될지어다.

믿음을 앞세운 ○○(이)의 충성이 주님께 기

쁨이 되고, 희생을 각오한 ○○(이)의 헌신이 주님께 기쁨이 될지어다.

깨끗한 고백이 담겨있는 ○○(이)의 회개가 주님께 기쁨이 되고, 간절함이 묻어 있는 ○○(이)의 기도가 주님께 기쁨이 될지어다.

사랑하는 ○○(이)의 삶은 언제나 주님께 기쁨이 될지어다.

예수님의 이름으로 기도합니다. 아멘

주님이 기준이 되어라

Power of Bible •
나의 영혼아 잠잠히 하나님만 바라라 무릇 나의 소망이 그로부터 나오는도다 (시 62:5)

나사렛 예수 그리스도의 이름으로 사랑하는 ○○(이)에게 선포하며 기도합니다.

○○(이)는 언제나 주님이 기준이 되는 사람이 될지어다.

사랑하는 ○○(이)는 언제나 주님이 기뻐 받으실 만한 일만을 생각하는 사람이 되고, 그 일만을 추구하며, 그 일만을 행하는 사람이 될지어다.

주님의 뜻이 곧 ○○(이)의 뜻이 되고, ○○(이)의 뜻은 오직 주님의 뜻만을 따르되, 그 뜻이 완전한 일치를 이루는 삶이 될지어다.

사랑하는 ○○(이)는 세속에 대하여는 완전히 죽은 자가 될지어다. 세인들로부터 어떠한

멸시와 조롱을 받는다 할지라도 주님만을 기꺼이 사랑하는 사람이 될지어다.

○○(이)의 존재가 완전히 없어진다 할지라도 주님 안에서 존재하기를 바라는 그 소망이 절대로 깨어지지 말지어다.

사랑하는 ○○(이)는 유일하신 주님 안에서만 사는 자가 되기를 선포하노라. 주님을 떠난 모든 것이 괴로움이요 불안일 뿐임을 잊지 말지어다.

오직 주님만이 참된 안식이요 참된 평안임을 늘 기억하며 사는 사람이 될지어다.

예수님의 이름으로 기도합니다. 아멘

기회를 잃지 않는 삶이 되어라

Power of Bible •
범사에 기한이 있고 천하 만사가 다 때가 있나니 (전 3:1)

나사렛 예수 그리스도의 이름으로 사랑하는 ○○(이)에게 선포하며 기도합니다.

○○(이)는 언제나 자신에게 주어진 기회를 잃지 않는 삶을 살지어다.

주님의 뜻을 온전히 따를 수 있는 기회, 주님의 뜻을 온전히 펼칠 수 있는 기회가 있을 때, 그 기회를 잃지 않는 삶이 될지어다.

주님께 더 가까이 나갈 수 있는 기회, 주님을 더욱 간절히 찾을 수 있는 기회가 있을 때, 그 기회를 잃지 않는 삶이 될지어다.

주님의 은혜를 넘치게 받을 수 있는 기회, 주님의 축복을 듬뿍 받을 수 있는 기회가 있을 때, 그 기회를 잃지 않는 삶이 될지어다.

주님을 온전히 섬길 수 있는 기회, 주님께 힘을 다하여 헌신할 수 있는 기회가 있을 때, 그 기회를 잃지 않는 삶이 될지어다.

주님의 참된 제자가 될 수 있는 기회, 주님의 진실한 동역자가 될 수 있는 기회가 있을 때, 그 기회를 잃지 않는 삶이 될지어다.

영혼을 뜨겁게 사랑할 수 있는 기회, 영혼을 주님 앞으로 인도할 수 있는 기회가 있을 때, 그 기회를 잃지 않는 삶이 될지어다.

예수님의 이름으로 기도합니다. 아멘

주님을 닮은 사람이 되어라

Power of Bible •

너희가 전에는 어두움이더니 이제는 주 안에서 빛이라 빛의 자녀들처럼 행하라 빛의 열매는 모든 착함과 의로움과 진실함에 있느니라 (엡 5:8,9)

나사렛 예수 그리스도의 이름으로 사랑하는 ○○(이)에게 선포하며 기도합니다.

○○(이)는 언제나 주님의 성품을 닮은 사람이 될지어다.

도무지 사랑할 수 없는 사람까지도 사랑할 줄 알며, 도저히 품어주기 어려운 사람까지도 품을 수 있는 주님을 닮은 사람이 될지어다.

도무지 이해할 수 없는 사람까지도 이해할 줄 알며, 도저히 용납할 수 없는 사람까지도 용납할 수 있는 주님을 닮은 사람이 될지어다.

도무지 존중할 수 없는 사람까지도 존중할 줄 알며, 도저히 용서할 수 없는 사람까지도 용서할 수 있는 주님을 닮은 사람이 될지어다.

도무지 신뢰할 수 없는 사람까지도 신뢰할 줄 알며, 도저히 도울 가치가 없는 사람까지도 도울 수 있는 주님을 닮은 사람이 될지어다.

도무지 섬길 수 없는 사람까지도 섬길 줄 알며, 도저히 축복할 수 없는 사람까지도 축복할 수 있는 주님을 닮은 사람이 될지어다.

사랑하는 ○○(이)는 이런 하나님의 자녀가 되어서 주님을 더욱 기쁘시게 할 수 있는 사람이 될지어다.

예수님의 이름으로 기도합니다. 아멘

이런 눈물을 흘리는 사람이 되어라

Power of Bible •

눈물을 흘리며 씨를 뿌리는 자는 기쁨으로 거두리로다 울며 씨를 뿌리러 나가는 자는 정녕 기쁨으로 그 단을 가지고 돌아오리로다 (시 126: 5,6)

나사렛 예수 그리스도의 이름으로 사랑하는 ○○(이)에게 선포하며 기도합니다.

○○(이)는 인생에서 눈물 흘릴 때가 있다는 것을 언제나 기억하며 살아갈지어다.

그러므로 나태한 자들이 흘리는 고통의 눈물은 흘리지 말며, 오래 하면 병들게 되는 자기연민의 눈물도 흘리지 않는 사람이 될지어다.

주님이 주신 삶을 살면서 남의 마음을 힘들게 하는 원망의 눈물도 흘리지 말며, 남의 마음을 서늘하게 하는 오기의 눈물도 흘리지 않는 사람이 될지어다.

사탄이 춤을 추는 낙심의 눈물도 흘리지 말며, 마귀들이 자주 흉내 내는 가식과 연극의 눈물도 흘리지 않는 사람이 될지어다.

사랑하는 ○○(이)는 주님의 마음을 녹일 수 있는 진정한 회개의 눈물만 흘리고, 불같은 믿음을 낳는 결심의 눈물만 흘릴 수 있는 사람이 될지어다.

또한, 흘리면 흘릴수록 마음이 넓어지는 감사의 눈물을 흘리며, 드리면 드릴수록 행복해지는 타인을 위한 간구의 눈물을 흘릴 수 있는 사람이 될지어다.

그리고 우리 죄의 해결을 위하여 온 몸으로 우신 주님의 희생의 눈물을 본받는 사람이 될지어다.

예수님의 이름으로 기도합니다. 아멘

교회의 일꾼이 되어라

Power of Bible •
내가 교회 일꾼 된 것은 하나님이 너희를 위하여 내게 주신 직분을 따라 하나님의 말씀을 이루려 함이니라 (골 1:25)

　나사렛 예수 그리스도의 이름으로 사랑하는 ○○(이)에게 선포하며 기도합니다.
　○○(이)는 언제나 주님의 몸 된 교회의 참된 일꾼이 될지어다.
　언제나 주님을 사랑하는 모습이 교회를 가까이 하는 모습으로 나타나며, 언제나 주님을 섬기는 모습이 예배를 사랑하는 모습으로 나타나는 사람이 될지어다.
　주님의 은혜를 사모하되 주님께 쓰임받기 위하여 성령의 충만을 구하며, 기도의 자리를 기뻐하되 온전한 순종을 드리기 위하여 무릎 꿇는 사람이 될지어다.
　교회를 통하여 주님이 기뻐하시는 뜻을 이루

며, 주님을 닮아가기 위하여 남을 섬기되 겸손함으로 섬기고, 희생하되 행복한 마음으로 희생하는 사람이 될지어다.

오! 주님, 사랑하는 우리 ○○(이)가 주님의 몸 된 교회를 든든히 세우는 참된 일꾼이 되게 하옵소서. 주님이 기뻐하시는 천국의 귀한 재목으로 쓰임 받게 하옵소서.

언제나 성령 충만함으로 성령의 열매를 맺으며, 주님께 쓰임 받는 그릇이 되게 하옵소서.

예수님의 이름으로 기도합니다. 아멘